not only passion

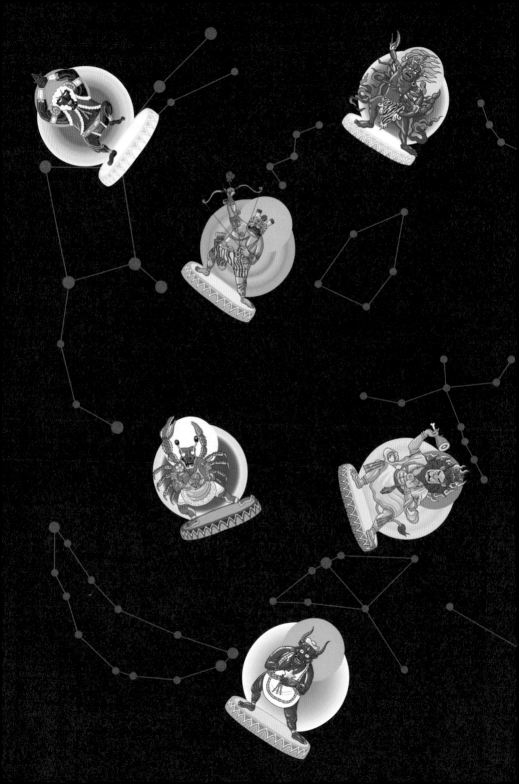

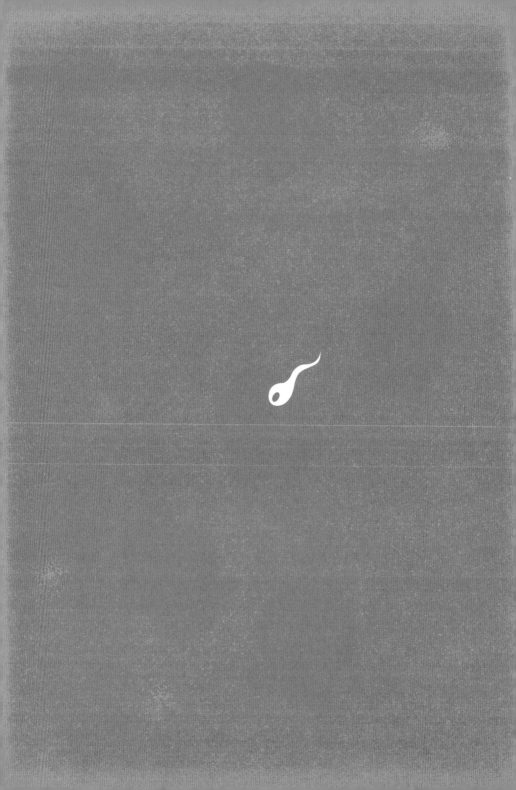

星海羅盤

dala sex 016

性男性女星座記事

dala sex 016

星海羅盤 —— 性男性女星座記事

作者：鳥來伯、sm101010

繪圖：BO2

責任編輯：郭上嘉、呂靜芬

校對：黃健和

企宣：洪雅雯

美術設計：楊啓巽工作室

法律顧問：全理法律事務所董安丹律師

出版：大辣出版股份有限公司

　　　台北市105南京東路四段25號11F

　　　www.dalapub.com

　　　Tel：（02）2718-2698　Fax：（02）2514-8670

　　　service@dalapub.com

發行：大塊文化出版股份有限公司

　　　台北市105南京東路四段25號11F

　　　www.locuspublishing.com

　　　Tel：（02）8712-3898　Fax：（02）8712-3897

　　　讀者服務專線：0800-006689

　　　郵撥帳號：18955675

　　　戶名：大塊文化出版股份有限公司

　　　locus@locuspublishing.com

台灣地區總經銷：大和書報圖書股份有限公司

　　　地址：242台北縣新莊市五工五路2號

　　　Tel：（02）8990-2588　Fax：（02）2990-1658

　　　製版：瑞豐製版印刷股份有限公司

　　　初版一刷：2007年6月

　　　定價：新台幣 250 元

就是要有點「不準」才好玩

鳥來伯

做夢也想不到，竟然寫了半本星座書。

這怎說好呢？鳥來伯本非星座達人，本書的另一個作者sm101010才是，他會看星盤、解星相、配星運，真是專業，打真軍的；而我只是個蒐集星座故事的頑皮鬼。跟許許多多一知道星座，就能馬上連珠炮分析出星座特性的朋友們比起來，鳥來伯的星座知識實在淺薄如處女膜，要說「出了哪本書，就能成為那方面的專家」，這道理架在我身上是行不通的。基本上，寶瓶座很鐵齒，星座書上說怎樣，就硬要過得不一樣，我太愛出奇不意的東西，也不太相信宿命，但卻很享受「討論星座」以及「書寫星座」的過程。

由衷感謝以下將提到的這些人物，以及我曾請益的朋友們，我會送你們書，也請你們掏錢買。因為寫作需要，縱使不熟稔，也要跟許多星座男女請教，不知為何，大夥一聽，眼睛火亮，頭頭是道，朗朗上口，社交場合原本不熟的，一提到星座突然就人不親土親了；大家都樂於分享自己的星座故事，喜歡在「準」跟「不準」之間隔三岔五地比較，星座個性往往在討論間悄悄展露。

像鳥來伯寫的第一篇是「牡羊男」，不巧槓上出版社的某位頭頭，聽說他收到初稿後，都還沒看完第二段呢，彷彿吃到大力金剛丸地直搖頭說：「不對！不對！」先生你看完了嗎你？急的咧，十足的牡羊火爆個性！一開始sm101010跟大家解釋太陽星座與月亮星座的複雜差異時，牡羊男總編輯

不耐地把頭皮搔得好像要生出八卦了，足以證明此星座多麼怕麻煩！另外，當我詢問「天蠍女」時，她們就真的是比別的星座還有警戒心，「怎樣？要幹啥？哪裡要用的？」一副我會威脅她們似的，要說不說地，還會打聽別人都怎樣形容天蠍女，怕被看穿卻又想看穿別人，心機重得很可愛。

有些也很愛撇清關係。像「處女男」講幾句就會很小心說：「我不是這樣龜毛喔⋯⋯」說了幾句後，又龜毛地說：「這樣不好，嗯，我不是這樣龜毛喔⋯⋯」一直這樣原地畫圈圈，欲言又止。在他說了第50次「其實我不是這樣龜毛⋯⋯我不是這樣龜毛喔⋯⋯」時，我不得不認為，他的確是很龜毛！對了，sm101010也是「處女男」，記得我有一次把文章傳給他，看完他淡淡地說：「很好，只是『水瓶』記得改成『寶瓶』，『天秤』要改『天平』！有差嗎？「有，專業星盤上應該要這樣說的。」喔～～「妳不改沒關係啦，我最後再請編輯改。」好，我⋯⋯我改⋯⋯我改，輸你讓你！

還有，雖然我不喜歡「雙子男」，但是我卻要感謝他們，因為討厭所以指證歷歷，寫他們反而是最不費吹灰之力的，乾溫啊！

還記得我們與本書的兩位「摩羯女」編輯在MSN上，原本說得上天下地好順暢，直到討論到她們的性愛，對話框突然硬生生就一直停留在那裡，空氣瞬間凝結，我說錯什麼話了嗎？過半晌，一人丟出：「這⋯⋯我就⋯⋯不說了啦⋯⋯」另一個更遜，直接說：「⋯⋯」都幾歲了，閉月羞花咧！好好一個有感覺的人，為什麼非要活得這麼苦難，我不明白。

大家知道嗎？整個「大辣出版社」有三個這種土象星座寶貝，另一個是還有肉慾、還有救的「金牛男」，但三個土象搞另類，還搞得有聲有色，編出一本本讓人臉紅心跳的情色書籍，一顆獸心為人民，驚得我！實在令人佩服，我相信人是有潛力的，沒有啥星座一定不能幹啥的，只要你想！

有時候，我無意含沙射影，別人也會噘起屁股對號入座。有次，大辣電子報一發，「天平女」馬上飛來訊息臭罵：「幹嘛把我寫成那樣啦！」

「哪段？」「就妳說怎怎啊，我又沒有怎怎怎……」「誰寫妳啦，那是別人！」「不管，妳這樣寫人家會以爲我是這樣的……」只能說，她真的很在乎別人的眼光，全天下，難道只有她一個天平座嗎？不管，鳥來伯天生齒冷，妳越不喜歡我越要，啦啦啦！

再不然就是「獅子女」向我抗議：「我說的×××妳怎都沒寫進去！」「妳講太多，我要去蕪存菁啦。」「可是我們獅子座個性就這樣，妳一定要寫，很經典，一定要寫！」捍衛主權起來了，搞得我壓力好大。

大家談到算命術，常常喜歡拿「準」跟「不準」當效果分野，其實鳥來伯也是，但我特別喜歡看到「不準」的那一面──總覺得，星座就是要有點「不準」，有衝突跟抗爭，有妥協跟認同，才會靈動好玩。特別感動的是，星座男女們對於受人喜歡的自我個性被美化描述時，油然而生的驕傲；以及討人厭的自我個性被批評譏諷時，除之而後快的激動。總在這時候，他們的星座特質才最不著痕跡地展露出來，這才是書寫星座文章時，最偶然與巧合的難忘片刻。

我無意冒犯星座專家，也絕對尊重星座的解命方式，那畢竟是數學、天文學、統計學等等專業綜合領域，但對於更多升斗百姓如鳥來伯而言，星座講得輕鬆點，可能只是個生命基調或是「把妹顯學」，能不能好好過得像個人，還是得靠自己。

多希望大家不只當它是本星座書，也當它是本爆笑的情愛書；多希望大家都攬書懷疑：「屁！我才不是這樣子的！」踢館踢得越兇我越爽；多希望每個人都有自己的樣子，保留自己投胎下凡的那副死德性，而非鑽進星座中，或是拿星座來爲自己解套。就像大家也不會拿動物占卜裡面的「猴子」、「海象」這玩意兒來搪塞自己個性中無計可施的某部分──「因爲我個性像無尾熊，所以我不太喜歡加班，簽約也常常失誤。」這究竟是中了什麼狗屁不通的占卜蠱毒！

聽說，人到老時，會走向兩種極端：一是所屬星座越來越明顯，二是相反，完全看不出是哪個星座的，因為已然圓熟到不斷修正自己，在每個星宿的軌道間琢磨出最無稜角、最舒服的位置。而後，心平氣和地與自己相處著，並且不時重翻《放鳥過來》與《星海羅盤》兩本書，瞇著眼用力回想著，當年邊討論星座，邊把性愛做到殘透、做到出油掉渣的荒唐時光⋯⋯

感謝大辣，我愛你們抱一下，感謝sm101010，長期忍受我的無厘頭與粗心；感謝父母娃名，無計代價支持。感謝二次合作的BO2，我知道你忙死，但你還是為我們畫了。感謝凱、人妻、斑馬、蕾、1688、潘、好命人、熊、靜、岳夫、愛小藍、SU41、幸雯、怡小靜、jack、諾蒂、Rich、好心地，小小親一口。

樹洞有話說

sm101010

這個世界上信者恆信、不信者恆不信的事情很多，占星就是其中之一。從第一次幫人看盤到現在將近十年的時間，這是第一次完整地用文字把這些資料整理出來。跟平常直接面對面對談的狀況不同，同樣一篇文章，寫成文字登出來之後，有的人看了之後會跟我抗議：「我哪有這樣！」──這通常是當事者；也有人會跳出來告訴我：「對對對！他／她就是這個死德行！」──這通常是苦主。

我聽過一個說法，「大家總是把算命師當成一個樹洞」，就像童話〈國王的驢耳朵〉中的理髮師，或電影《花樣年華》裡的一段劇情，「從前，當一個人心裡有個不可告人的祕密，他會跑到深山裡，找一棵樹，在樹上挖個洞，將祕密告訴那個洞，再用泥土封起來，這祕密就沒有人知道。」算命有什麼實際功能很難講，很多時候我打開星盤，還講不到三句話，被算的當事人就自己猛講起來，讓我很難插得上嘴。

人類對於這種樹洞的渴望與需求從來沒有減少過，有宗教的人或許會去告解室裡頭隔著小窗對神父吐露自己不為人知的心事；其他大多數的人在網路發明之後，在網路聊天室、在BBS、在MSN中對著一個個視窗，把自己內心底層的祕密，丟到網路的另外一邊。

當一個算命師，你會聽到很多本來根本沒有機會聽到的隱情。

當一個網路使用者，你會看到很多平常人羞於啟齒的私事。

既然我經常幫人算命，又經常透過網路幫人解決問題，自然而然就成為一棵到處都挖了洞、塞滿了祕密的樹。身為一棵被挖滿了洞的樹，我的感想是：每一個星座都有討人厭的地方，當然也各有其可愛之處。幫人算命時，我最受不了有人先入為主地跟我說：「某某星座的人最討厭！我這輩子絕對不要跟他／她們交往！」雖然世界上的人很多，但真正有緣能夠相識相愛的人並不多，只因為星座的緣故而自我設限，豈不大大減少了自己可能原本就不夠多的戀愛機會？

同理，也經常有人問我：「某個星座跟某個星座到底配不配？」我的答案也是：沒有哪個星座跟哪個星座一定配或不配，只有怎樣的人或者怎樣的心態，適不適合談戀愛。

至於為什麼要寫一本這樣的星座書？這絕對不是要大家拿著雞毛當令箭，「某某星座就是這麼討厭！」而否定跟任何星座交往的可能，反而是希望大家跟人交往的時候，先看一下這個星座有哪些痛腳、缺點，造成這些缺點的原因為何，而不是光看這些討厭的地方，就把對方列為拒絕往來戶。了解是原諒的開始，有了了解跟體諒，總比不明就裡因為一時的情緒，莫名其妙斷絕了一段原本美好的感情要好得多。

當然，還希望大家能夠獲得一些娛樂。說到娛樂，要先感謝鳥來伯，筆力驚人的她，總是有辦法將每個星座男女都寫得令人牙癢癢又笑呵呵；感謝占星研究者Connie與雨蛙，不厭其煩地被我打擾；感謝被我寫進書裡的各家苦主；感謝nk站長期提供我練筆空間；最後感謝大辣編輯企畫群以及大辣電子報「性男性女」單元的讀者鞭策，讓這本書能夠順利誕生。

目 錄

第一部｜性男十二星座

男人，沒那麼難

　　對星座比較有研究的讀者，在男性篇中可以把星座能量套用到太陽、上升、火星等跟男性能量、習性或慾望有關的項目中，不過若不想要搞得這麼複雜，光看太陽星座的能量大致八九不離十，畢竟對於生理男性來說，太陽是最重要的陽性能量。

　　如果妳對妳的男人實在不知道從哪裡下手，至少透過星座去了解他會是一個很不錯的起點，當然，星座只是個起點，由這個起點開始，再深入了解挖掘，找出他真正內在的渴望與需求，了解他的榮耀與痛腳。

———sm101010

急急如慾令牡羊男

鳥來伯

大家都知道感情需要細火慢燉，但遇到臉上刻著「急」字的牡羊男，就不是這樣了。

鳥來伯有個女性朋友曾經交往過一位牡羊男，他做什麼都很猴急，彷彿隨時準備要去投胎。在第一次單獨出去吃飯後，沒牽手沒接吻，她連牡羊男的臉跟名字都還沒「到」在一起喔，牡羊男當晚就瘋狂CALL來問：「我們這樣，算在一起了嗎？」搞得她一直回想：「這……剛剛……我有錯過了什麼嗎？今兒個不就是吃飯聊天罷了，這位先生您也太急了吧？」不知該說他清純可人，還是她太保守固舊。

接下來，牡羊男展開猛烈攻勢，不管三七二十一，力拼「24小時反恐任務」，如果單就時間來看，其實只過了三天，但他傳的簡訊、送的禮物、編織的共同旅行計畫、下周末的遊樂路線，彷彿他們已經結婚了三年，並育有一子一女！

被這種男人追其實很爽，他能很快在所有競爭者中出類拔萃，因為攻勢實在猛烈——我所謂的「猛烈」不是指送花或溫馨接送情那種膚淺的芭樂招數，而是他邀約跟聊天的方式，極為占有，帶著「對！老子現在就是要追妳～追妳～追妳～」的強勢，好像他上輩子就認識她了，今生下凡與她相逢，沒追到就會被玉皇大帝砍。

當其他男人都還在試探性地問候，或玩曖昧遊戲時，牡羊男早就像團火一樣把女友包圍住了——這是我每次跟有牡羊男友的女性朋友討論時，都有的共同答案。其實，也不能說牡羊男愛裝熟，但就是會讓人自然而然跟他一起吃喝玩樂。他會把「我們一起去……」、「待會一起去……」掛在嘴邊，很像小時候那些開門見山就說「我喜歡妳」的男生，意圖明確但不噁心，是天真爛漫的單純。在這個男女感情好比諜對諜的社會中，牡羊男的直接跟不浪費時間，是很受女人歡迎的。

不過這也有壞處，牡羊男的耐心常會被天狗吞了，例如他問：「欸，我們去……好不好？」女友如果猶豫超過五秒，他就會說：「不喜歡喔，不然我們去……」如果女友再猶豫，他就會乾脆說：「妳那天不方便嗎？不方便的話我們可以……再不喜歡就……然後其實可以……」欸！奇怪了，人家都不可以想一想喔？一定要玩「快問快答」就對了，約個會搞成這樣緊張。

因為沒啥耐心，情緒很容易衝起來，大家還記得鳥來伯曾說過，有些男生一激動就會變成瓊瑤劇裡的「馬景濤」嗎？而牡羊男就是「天字第一馬」。有個有牡羊男友的女性朋友說，男友每次在車上慾望來襲時，就會「嘎～～」地緊急煞車到路邊去，然後像撲羊似地強吻她，急如雨刷的舌頭把她嘴巴搗得快爛了！有次從101回到

新店，沿路停了六次，但是每次親到一半，他就會突然收斂地說：「對不起，是我不該，我不該這麼急……」然後發動引擎，繼續上路。但是你知道，大家都不是國中生了，有話可以好好講，這樣三番兩次「我不該」又「我不該」的，她其實有被煩到，卻又感動於牡羊男需要她的獸性，也對他那「梅花三弄一直弄」的絕倫演技讚嘆不已。

讓人印象最深刻的是牡羊男的傻勁。牡羊男從來無法好好地優雅吃飯，進去餐廳一坐，水來，仰頭灌完；湯來，整碗下肚；飯來，頭抬也不抬，使出吃奶力氣一樣地唏哩呼嚕喀光，然後嘴一抹，OVER，看得對座的女友眼珠落地。到了優雅的法國餐廳，也是頻創速度奇蹟：麵包吃完，有一半的屑屑掉在身上；喝濃湯像喝白開水，咕嚕咕嚕地牛飲入喉。高級點的餐廳，服務生上菜動作較緩慢優雅，先上他的湯，轉頭上她的湯，再轉頭，牡羊男已經把湯喝乾見底，速度快到服務生以為他的湯是不是剛剛灑了？至於像鵝肝那種需要小口小口品嚐的，狼吞情形就更加明顯了，三片餅乾，一分鐘離奇失蹤！5000大洋，牡羊男用夜市掃秋風吃法，也算是頂級料理界的No.1！

這種旁若無人的大器態度，讓女人非常有安全感，雖然很多次想問他家有沒有裝鏡子，因為她常看到他吃飯掉的乾米粒在外套胸口留了三天，或是整件衣服的扣子都飛光了也不縫補，尤其在喜歡的人面前毫不掩飾地用力擤鼻涕，率性到不行。說實在的，她還挺羨慕男友把屁放得又長又響亮，臉上浮現「怎樣？你敢這樣嗎？你敢嗎？」的傲氣神風，這讓常常把高跟鞋卡在水溝蓋的女人，跟他出門時非常自在；跟他比不要臉，女人還真是輸得心安理得！

然後，在牡羊男問了兩百次「我們這樣，算在一起了嗎？」之後，他們總算去了MOTEL。可是，他並沒有因為熱情而讓她大開眼界，因為……

　　孩子般的牡羊男友一進房間，就被目眩神迷的房間設備給震呆了，東翻西翻地，好像不知道現在的MOTEL就是長這樣。「欸喂～～（招手）妳來看，他們提供的保險套看起來好白爛喔～～」他一隻鞋子都還沒脫呢，就馬上衝到壁櫥邊，「哇！有OREO餅乾，等一下餓了可以吃「事後餅乾」唷，呵呵呵！」看到大水床，整身躍上去──「我愛白色，我跳！」真是夠了，他在床上滾跳完，不夠HIGH，突然視死如歸地衝進浴室，「好大的蓮蓬頭喔，好想洗喔……」然後他沒脫衣服，就直接把蓮蓬頭打開，讓強力水柱噴出，把衣服沖濕，一邊甩頭一邊問：「像不像裴勇俊？像不像張東健？」自顧自地玩了起來，赤子之心大過歡愛，讓正準備躺下去的她看得折腰，算你狠！

　　然後，接下來的一小時，已經換上情趣睡衣的女友坐在床上，悶到靈魂快出竅了，心上人怎還不趕快洗完出來抱我咧？老娘來做愛的耶，那死孩子怎麼把開賓館「做小」了呢？她只好一邊轉電視遙控器，一邊猜想浴室裡頭濕搭搭的過動男娃兒，開心地唱歌洗澡完後，等一下會不會又突然鬼上身，發現什麼新大陸。

　　這次，換她急了，突然忍不住要問：「我們這樣，算在一起了嗎？」

跟獵人上床 —— 牡羊男

sm 1 0 1 0 1 0

　　我有個朋友，過年時第一次上山打禪七，雖然他以前打過禪一禪三，但是沒想到首度打禪七的他，不但沒有平靜心情，還差點害他精血衝腦，有夠沒有佛緣。這位牡羊男，三十二歲，廣告AE，每日被客戶追得團團轉，平常手機二十四小時都不能關機，唯有上山打禪的時候可以正大光明啥都不想，是他躲避工作的最佳管道，任哪個難纏的客戶都不好意思這時候打電話來煩擾。

　　這次渴望已久的禪七，前兩天每天黎明即起，忙碌一天入夜就睡，感到十分平靜，不過第三天之後，他每天早上不是被晨光叫醒，而是被胯下直挺挺的升旗旗桿搖醒，平日精氣神被工作擠得所剩無多，上山補氣補神全補到那不可告人的地方，在佛門淨地夜夜春夢讓他有如陷入無間地獄。好不容易熬過七天，下山立刻急CALL女友上床，不過據說當晚他們就大吵一架，原因是久別重逢的牡羊男絲毫不懂憐香惜玉，上床有如打拳擊，既不浪漫又不優雅，就只

是做做做，用力做。對牡羊男而言，最驚悚的恐怖片絕非《七夜怪談》或《恐怖旅社》，而是《停機四十天》！

像是趕著來這世界投胎一般，牡羊座是春分點之後的第一個星座，他們是童心未泯的兒童，衝力十足，想到一定要做，不過衝過了就算數，經常有頭無尾做事做一半。

牡羊男每每在我上班水深火熱時傳MSN給我，一下傳他的新歡照片跟我炫耀，一下要我幫他算算他跟新歡是否適合交往，但我上班時間哪有閒工夫看這些無聊玩意兒。這隻牡羊男最神奇之處在於，即使我沒回他訊息，他也有辦法自彈自唱講個不停，等我有空理他的時候，他已經唏哩呼嚕打了幾十個訊息，等我看完想回訊給他，他卻早已離線了。

上個月牡羊男交了一個牡羊女，又在我上班時間不斷地用MSN騷擾我，一下說他們如何的一拍即合，多麼乾柴烈火，多麼火速就上了床，在床上又多麼的猛烈熱情，用了什麼姿勢⋯⋯絲毫不管我不時回訊：「上班時間不要聊這個啦！」、「我現在很忙！」、「嗯。」、「啊。」、「喔。」⋯⋯

週末上網看到他在線上，順手問了一下他現在跟牡羊女交進展如何，才知道不到一個禮拜的時間，這對情侶已經峰迴路轉，世事多變化，加演不少延長賽。就在他釣上牡羊女隔天，他們就閃電同居，而且是連衣服、書等等家當都搬過來的半正式同居；可是，同居還不到一個禮拜，他們又吵得不可開交，吵著要分手。

戰神火星是牡羊座的守護者，因此牡羊座就像個獵人一般，越有挑戰性的獵物他們越愛，不過很不幸的，當獵物成為囊中物之後，他們就會立即失去興趣，開始東張西望尋找下一個獵物。如果你的

角色從獵物淪為寵物甚至家畜的話，就準備進入冷宮吧。

　　大吵之後一個禮拜，牡羊男正準備跟對方分手，可是就在此時牡羊女忽然罹患嚴重的盲腸炎，入院開刀。本來沒耐心的牡羊座絕非良好的看護人選，可是這時發生了一件事，讓沒耐心的牡羊男天天進醫院緊迫盯人。原來牡羊女美貌動人，即使住院開刀，還是魅力無法擋，連醫生每次來問診時的態度都明顯不同。這下子牡羊女又由家畜重返獵物寶座，牡羊男誓言非得追回她不可。

如何搞定牡羊男

1.床上夠辣
三從四德對牡羊男沒啥吸引力。要當王寶釧，除非床上夠浪，不然恐怕只能遠望著牡羊男天天出門去牧別人家的羊。

2.穿得夠少
牡羊男是視覺動物，要勾引他們最不用拐彎抹角，穿得少一點，露得多一點，其他都是浪費時間與成本。記得，要挑逗牡羊男，只要讓他們「看到肉」就行！

3.隨時能做
牡羊男是天然活火山，一年四季都在發情，或許妳該擔心的是如何降低牡羊男的性慾才對。

4.隨處能做
如果妳以為牡羊男如此熱愛性愛，他們一定最重視臥室的舒適的話，

那妳就錯了。除非他的月亮落入巨蟹之類的星座，要不然，反正牡羊到處都可以做，臥室舒不舒服，根本不是他的考量點。

5.迅速達陣

牡羊座的性感帶在頭部與臉部，不過如果妳以為卯起來對牡羊座猛舔猛吸就會讓他亢奮，那又錯了。對付性急的牡羊男，應該莫猶疑勿徬徨，前戲可免，後戲也不用，只要快快達陣，一切好說話，其他花招太多，只會讓他們失去耐心。

安靜無聲金牛男

鳥來伯

　　鳥來伯沒跟金牛座的男人有任何感情瓜葛，只覺得他們是一個「靜悄悄」的星座。

　　所謂「靜悄悄」是指檯面上的沒反應，例如他們可以喜歡女生很久，喜歡到人家的男友或老公換過一個接一個了，他還是按兵不動。不管身邊的朋友說：「欸，你不是很喜歡她？表白啊！」、「動起來啊！活膩了嗎？」金牛男還是那死樣子，好像說喜歡是說假的一樣，等到大家都以為金牛男早就放棄那女生了，把這件事都忘了，連那女生的臉孔也早已模糊不清。直到有一天，這位金牛男才幽幽地說：「哎……聽說，她半年後要結婚了……」啥？我們聽了非常困惑，他在說誰啊？就她啊！誰啦？就×××啊！雖說念念不忘，未免也太沒效率了吧！

　　這就是我認識的金牛男，平常A片也看得兇，美眉也偷看得猛烈，但怎麼「暗戀」這種事情就是搞不定呢？他們「把愛悶在心

中」的鴕鳥心態，總令我們這群皇帝不急急死太監的朋友們倒地不解。

鳥來伯的哥哥恰好就是金牛座，我有幸曾經與他同居，觀察過他與女友的互動，他還真是集全天下金牛座的優缺點於一身的男人。

寶瓶座的鳥來伯素以驚世駭俗的行徑著稱，這常令金牛座老哥非常不齒，在他心中，我不過是個「半熟體女人」，他哈的是端莊典雅，出現時會讓我忍不住想叫「小老師」的那種省府村姑，總是留著好人家女兒的直直流線頭，全身粉紅、粉黃的，不輸要去相親般的正派臉。但怪的是，金牛座老哥平常很色胚，酷愛看月曆美女，每次借他的雜誌，歸還時清涼養眼的都被撕光光了。但讓我很毛的是，怎麼他帶回來的淨是這種純潔貨色呢？難道是「小老師」天賦異秉？

所以，每次「小老師」到我家，當他們關上房門，我總愛在門縫偷聽，聽聽看「小老師」到底對我哥施展了啥神幻媚功？怪的是，不管我怎樣偷聽，裡面就是靜悄悄，我原本以為是他們顧慮我在家，所以故作矜持。後來，我索性假裝開門出門，再偷偷溜回房裡，豎起耳朵聽，一弦一柱思華年，聽到快睡著。欸，怪哉，一樣安靜無聲耶，奇哩奇哩，鳥來伯的經驗中，男人做愛至少也會哼哼哈哈個幾下，尤其是最後關頭時，不來個「啊～啊～啊～」地拉弓鬼吼，哪有快感可言呢？但金牛座老哥跟「小老師」就是一路到底的剛毅木訥近乎仁，我認真想了一輪，確定他們在家裡沒錯啊。哥，你是不是咬著毛巾做愛呢？還是嘴巴封膠帶？你……未免也太壓抑了吧！

還有喔，他們除了做愛「靜悄悄」之外，還可以一整天窩在房

裡，都不用說話，每到假日，我能聽到的就是三句話：「早餐想吃什麼？」、「午餐吃啥？」、「晚餐買啥？」就這樣喔，天啊，好空洞！我屢次與我妹輪流站哨，都聽到同樣乏味的談話，真無法想像金牛老哥的餘生就要這樣度過了嗎？我私底下問過「小老師」怎能忍受得了，她說：「交往初期是悶到一個燒炭自殺，但悶久了就習慣了。畢竟他也很專情，愛個七、八年不成問題，只是，他不喜歡別人多說話……」她哀怨又認分地解釋著。

我還聽說，我哥很不喜歡「戴套」。唉唷，我覺得這是因為金牛座很小氣。我曾經陪他去屈臣氏買過保險套，他光計算各品牌的單個套子賣多少錢，就用去半個多小時，哪像我們這些快閃族，不都是隨手抓套子就結帳的嗎？但是為了那幾文錢，我那吝嗇的金牛哥可是會蹲在地上面對一堆保險套比價研究，不顧顏面地擋路，小氣巴啦，人生自是有情痴，來賓掌聲鼓勵吧。

聽「小老師」說，我哥不但不愛戴套（連她生理期來，都白刀子進紅刀子出），而且也不喜歡太絢爛奪目的床上花招，他可以前面、上面、後面、上面、前面，跟做國民健康操一樣，規律地做三年都不會膩，有時女友想變換什麼怪招，而且根本稱不上怪招，只是69罷了，金牛座老哥也會悶悶不樂。那種感覺，真像是一團結塊的硬芭樂屎，什麼浣腸都無法讓它變軟。總之，他就是沒有這方面的慧根，當女友希望他這樣轉、那樣翻的時候，金牛座老哥在床上就翻臉不認人，或是覺得和她在一起壓力太大，甚至問「妳去哪裡學來的？」笑死人！拜託～～鳥來伯的哥哥原來這麼遜，我聽了都不好意思了，老哥，變一變好玩的啦，相信我佛地魔啦！

我曾經看過他與另一個金牛女友分手時，不知在堅持啥地，要

把之前送她的禮物連本帶利討回來，不過那位金牛女也不是省油的燈，兩人分手前夕就在我家客廳，吵吵鬧鬧地把財產你一半、我一半地分走，她把房間的床單捲走，只留下不完整的棉被與被套給我哥；浴室裡的洗髮精、沐浴乳、洗衣粉也堅持要用空瓶倒走一半。兩隻牛斤斤計較的咬舌程度，實在不是我這種「願車馬衣裘與朋友共，敝之而無憾」的寶瓶座可以想像的。

　　悶了吧，這一對做愛過程中如演默劇的金牛男女，分手卻不再「靜悄悄」呢！

趕頭牛上床 —— 金牛男

sm101010

　　我有個女性朋友個性熱情活潑，任職工廠會計兼任庶務二課管家婆，號稱傳統產業界的赤名莉香（如果你太年輕，不知道我說的是什麼，赤名莉香就是經典日劇《東京愛情故事》的女主角），工作像莉香一樣敢衝敢拚，個性也像莉香敢愛敢追。不過只有個性像，長相差很多。兩三年前她愛上了一個金牛男小開，雖然說是小開，其實只是家裡有三家水電行，何況他根本不打算繼承家業，自己出來開了一家生意很差的咖啡館。

　　金牛男散發的那種誠懇、老實、又金又牛的氣質，彷彿致命的吸引力，讓莉香深深著迷。莉香經過明查暗訪，摸透金牛男的身家、工作與作息之後，便開始製造各種與他不期而遇的獨處機會，無奈辛苦了一年多，也僅止於牽牽小手。莉香安慰自己，反正金牛男本來就動作慢，既然是條金牛，當然值得慢慢等待。

　　不過等著等著，金牛男跟她約會竟然越來越少的次數，半年後才

聽說他愛上別的女人，而且那個女生很辣。

別以為金牛座很懶很慢，就以為他們不好色。

其實，金牛座是最靠近地面的星座，喜歡任何感官上的愉悅享受，當然性愛也包含其中。但好笑的是，因為他們真的太懶，即使很好色，也懶得動。

後來才知道，把到金牛男的是蛋糕女，因為他的咖啡店換了新的蛋糕商，才因此相識。蛋糕女那前凸後翹的火辣身材，立刻就抓住金牛男的目光。雖然金牛男心中想著最好別跟往來廠商搞七捻三，但實在控制不了自己，眼睛跟著蛋糕女營養良好的胸部打轉；蛋糕女明白自己的天生好本錢奏效，更是拎著一對豪乳在金牛男前面晃來晃去。

雖然金牛男眼珠都快掉了出來，還是撐了一個月，考慮好前因後果以及不會被莉香潑硫酸，才正式跟蛋糕女在一起。

蛋糕女釣上金牛男的致勝關鍵，除了身材火辣之外，還有天天送上門的「宅配服務」——因為要送貨過來咖啡店。蛋糕女會趁金牛男的咖啡店打烊之前，拎著自己店裡沒賣完的蛋糕去找他，奉獻她的愛心小甜點，簡直是工作、約會、休閒一次完成，絲毫不用費心費力。可以天天吃免錢的蛋糕，對小氣的金牛男而言，真是天上掉下來的禮物。

金牛男從此每天慢吞吞地把店打烊，慢吞吞地開車回家，回到家之後先吃個點心（當然是店裡帶回來的），再仔細鋪個床、泡個澡，才跟蛋糕女上床。雖然金牛男啟動得慢，續航力卻很久，往往兩、三個小時都還不結束（不過前面鋪床、泡澡、摸來摸去可能就要花一個小時）。

結束之後肚子餓了，自然繼續把剩下的蛋糕吃掉囉。果然不出半年，兩個人都變肥了。蛋糕女釣上小開，有一點點像是現代版的《麻雀變鳳凰》，只不過沒有麻雀，也沒有鳳凰，只有兩隻很肥的企鵝……

Tips

如何搞定金牛男

1.長得夠正

金牛男很好色，好看的人可以吸引他的目光，別忘了守護金牛座的可是美神維納斯。但是太前衛怪異的他們不愛，要吸引金牛座，還是走傳統路線比較好。

2.身材夠辣

金牛座喜歡「大地之母」的味道，太瘦的人會讓他們想到飢荒，所以他們會忍不住盯著大胸部瞧。好消息是，妳至少不用死命減肥了。

3.耐心要夠

金牛座很愛摸，等他洗好澡可能會讓妳等到睡著，唯一的方法就是跟他一起洗。上床前戲又搞很久，沒有耐心或是趕時間的人還是別碰金牛男。

4.不要冒險

金牛男天生個性保守又貪圖舒服，所以如果妳有滿腦子瘋狂的性幻想，我看最好不要與他分享。他的做愛地點只有軟綿綿的床，別的他可沒興趣。

5.愛看A片

金牛男不愛冒險卻好色，唯一可以兩者兼顧的就是躺在床上舒服地看A片。如果妳很介意妳家那條牛看A片的話，最好還是跟他早點分手。

喇賽達人雙子男

鳥來伯

鳥來伯一直認為，雙子座的性器官是嘴巴。

這不僅是鳥來伯的體驗，也是許多與雙子座男人交往過的女人的經驗。印象中，跟雙子男做愛，我們只需要用耳朵就行了。不誇張，真的是這樣，與雙子座交往的爆笑案例，收錄於《放鳥過來》中，至於是哪一枚男丁，各位看下去就會知道。

總之，這名雙子座男人在「開戰」前，經常在網路上講一些色不拉嘰的東西，話題偏向極致變態的路線，並且對各種情趣用品熟稔得彷彿每天在用的牙刷一樣。他在MSN上，允文允武地分享前女友們如何被他用PRO級的服侍；雖說他外表沒優到如金城武、內在沒佳到如達賴喇嘛，有時候穿著打扮也讓人撿下巴，但與他聊天兼打嘴炮，除了被香豔刺激的情節吸引，真的不得不佩服，他是一位說故事好手。他總能把看起來無聊到摳不出屎屁的日常生活，透過語言描述地活靈活現，連賣藥電台也被他比下去，更別說聽他如何形

容歡愛的橋段了。僅僅用嘴巴，就能讓女人高潮，要讓身經百戰的女人濕淋淋地走向他，一點都不難。

難就難在，他‧也‧只‧能‧用‧嘴‧巴。

當我們終於在「戰場」上見真章時，他全身上下只有那張嘴是活的，其他都掛零分，拙劣無聊的前戲、生疏彆腳的技巧、遲遲無反應的身體，簡直讓人倒退三步逼上梁山。但雙子男很厲害，彷彿明白自己在肉體上的缺憾，所以善用了他的嘴巴來調情。

他會說什麼「我是國王妳是奴，妳跪下來舔我。讓我偉大！讓我真實地感受到妳愛我！」或是「我是醫生，來，想像我用針筒打進去，感覺到嗎？我正在幫妳打針……」最討厭的台詞是，「我是大衛魔術師，我要妳張開腿，感覺到一股風吹進去，那道風是我，風把妳扛起來……」事實上，鳥來伯已經愛撫他一個多小時了，他躺那邊一直沒有「偉大」，而我也沒飛起來……

那一刻，鳥來伯卻想看他繼續表演下去，他讓我相信大衛魔術的奇蹟應該會降臨，我翻白眼，裝出陶醉到死的表情。雙子男看鳥來伯大力配合，特地加碼脫口秀，搬出水電工與女主人、亞歷山大大帝東征、訓導老師與學生等等A片戲碼。重點是，當時我們的姿勢是：手牽手平躺在床上，直盯著天花板，至於其他動作，沒有……簡直頹喪到連柏拉圖也哭泣！

最經典的來了，最後（有開始嗎？）雙子男轉頭對我說：「寶貝，妳快到了嗎？」啥！鳥來伯有漏聽什麼嗎？「我是說，妳……高潮了嗎？我想射了……」等一下！最後一句我沒聽清楚，你要射了？射了嗎？射了喔！嘖嘖嘖，這就叫做愛？這位魔術師的思想和肉體是分開來進行的，並且施展念力，完成射精與高潮！欸，您

是我在網路上認識的那位嘴炮打得兇狠，並號稱征戰無數的雙子男嗎？鳥來伯突然覺得這人好陌生喔，除了那張嘴說的是人話之外，脖子以下的部位都不是我想像的……

說真的，並不是說雙子男的性技巧很差，而是因為我長久沉浸在他編織的「King of Sex」的幻想中，他卻無法表現得如他所說那麼優時，扣分的程度是比他之前乾脆什麼都不講還嚴重的。

鳥來伯之後遇到的雙子男，雖沒這個「不舉雙子男」如此誇張，但那張嘴仍是厲害過人，不得不佩服。雙子男可以把「胡椒罐」說成「醬油瓶」、把「奈米牙籤」說成「蟒蛇巨炮」，而且重點是，他們永遠不會有重複的台詞，光聽他們努力地諂媚妳，就夠興奮值得了。不是每個男人都願意這麼做的，比起性技巧，甜言蜜語才是女人的評分標準，這一點，雙子男倒是很懂女人心！

就算不當情人，跟雙子男喇賽，絕對比別的男人開心許多，他也不會讓女人有「滑雪」的機會，只要幫雙子男拍拍手，他們就會更加賣力。不要拆穿雙子男（哎，其實男人都禁不起拆穿），我們女人就能一直看他們說出華麗瑰美的驚人台詞。有時想想，畢竟大家出來混，說說場面話是OK的，了解雙子座是哪種角色，當他們的女友就好玩多了。

虛虛實實，不太正經，這是鳥來伯對雙子男之所以又愛又恨的原因。分手後，我用力回想，到底哪個才是真正的雙子男？後來我才恍然大悟，原來哪個都不是他，真正的雙子男根本就沒出現過，彷彿只有他們的嘴巴才是真的。

戴耳塞上床 —— 雙子男

sm 1 0 1 0 1 0

很多雙子能量強的人都是媒體寵兒，比如胡瓜、李明依等等，他們反應快，又熱愛各種流行資訊，有他們在的地方必然熱熱鬧鬧，絕對不會冷場。雙子男善於甜言蜜語，而且個性活潑爽朗，很能引人注意。不過，除了在社交、工作的時候話多，上床的時候話也不少。上床前愛說話無妨，做的時候還講個不停，就會想塞他們毛巾了；做完之後，依舊說個不停，令人想尖叫。

我有個雙子座朋友在有氧教室釣上了年輕漂亮的國小女老師，每天兩人固定時間上有氧，下課後一起看電影、吃飯。雙子男的花樣很多，即使他們一個禮拜在有氧教室碰面五天，他還是會找出各種約會花招，吃飯、看電影、逛書店都是小CASE，女老師回到家還能收到一封雙子男寄來的E-MAIL情書，這些層出不窮的創意，讓她十分感動。

唯一讓女老師不爽的是，雙子男太活潑，明明兩人已經是同進同

出的公開情侶，雙子男每次上有氧課看到不認識的漂亮美眉，還是忍不住湊過去虧一下，如果看到三五成群的有氧美女團，更是立刻跑過去，黃色笑話講不停。

交往了一年之後，女老師發現雙子男那多才多藝的淵博知識都是從網路上看來的，他從未從頭到尾仔細看完一本書，即使愛泡美眉，也沒膽當真搞劈腿，頂多日後拿出來說嘴。雙子男約會時火力全開，上了床倒沒啥擋頭，平常講話舌頭的靈活度跟老二的強度，完全沒有直接關連。基本上，雙子男就是個兒童，這也讓她安心許多，她的本行不就是國小老師嗎，專治這種愛講話的幼稚小朋友！

我還有個雙子座炮友，別號「嘴炮王」，他真是我遇到過最愛講話的傢伙。嘴炮王是程式設計師，大部分時間都掛在網路上，邊上班寫程式邊聊天，特別的是，這傢伙做愛從不關手機、電腦與電視，做個三十分鐘的愛，他可以中途起來接電話、回MSN、外加傳簡訊！

不過這還不是他最令人生氣的惡行，既然號稱「嘴炮王」，想必大部分時間都在打嘴炮。他可以在MSN上跟你聊得欲仙欲死血脈賁張，但是真要約他出來，卻推三阻四，困難重重。有一晚我到他家喝酒，兩人都喝得兩眼昏花，他老兄還是不忘掛網，大概是醉得太厲害，他居然一邊跟我聊天，一邊上一夜情聊天室，還沾沾自喜地告訴我，每次他上這個聊天室，都會故意留假電話、約假炮，然後看撲了個空的人上來幹譙。我想，這傢伙根本不只是無聊，簡直是精神有問題！以後再也不想跟他保持連絡了。

如何搞定雙子男

1.幼稚一點

雙子男看似博學多聞，卻淺嘗輒止。如果妳動不動就臨風涕泣悲秋傷春，那麼，雙子座不適合妳。

2.活潑一點

雙子男是個兒童性格很強的星座，基本上他要找的就是能跟他一起吱吱喳喳的玩伴，所以不愛玩的也不用找他。

3.肚量要夠

雙子男就是喜歡當個到處沾的花蝴蝶，所以醋罈子不宜。往好處想，反正雙子男就是出一張嘴，要真的搞外遇，他可不見得有那本領呢！

4.打字快一點

要是妳不學著打字打快一點，總有一天會發現，妳跟他線上聊天永遠跟不上他的思路。

5.電視多看一點

大眾傳播媒體是雙子座的最愛，他們人生中90%的知識都從電視及網路上看來，想要跟他們聊得來，電視多看一點就對啦！

慈濟大愛巨蟹男

鳥 來 伯

如果說到哪個星座男是最殺女人的，就不得不說到巨蟹男了。

怎麼殺呢？默默地殺，鳥來伯覺得，巨蟹男最會的一招就是不來明的，他越是默默地來，越受女人注意。

例如在聚會裡，當別的男人都張牙舞爪地展現自己時，只有巨蟹男會靜靜杵一旁做自己的事。他不是發痴呆的安靜，而是會找事做，例如，到角落吃東西、聽別人說話或傳簡訊，像個安靜玩玩具的乖孩子。活動結束時，大家都攪和著打屁哈拉，只有巨蟹男默默地幫忙主人收拾場子，替喝醉的朋友叫計程車並且記好車號，完全像個慈濟師兄般善體人意。

女人，尤其是鳥來伯的眾多美女朋友，實在很難躲過巨蟹座這點。有時，整桌五、六個大男人，只有巨蟹男不像其他男人拿著菜單對女服務生問東問西，反而贏得辣妹女服務生的青睞，頻獻殷勤問：「先生，需要什麼服務嗎？先生，要不要多麵包或酒……」搞

得其他更亮眼的男人傻眼，不禁思忖著：這傢伙看起來既不稱頭也沒殺傷力，怎麼受到的禮遇與關注比我多？

其實，女人遇多了獻殷勤的蒼蠅，反而會對巨蟹男這種窩在角落畫山水國畫的修行者特別感興趣，這不動如山的礦物，跟萬人迷比起來，多了一點「弱勢」的競爭力，他們那種看似求援的眼神，總讓女人忍不住想「秀秀」，讓他們倒在自己溫柔的港灣裡停泊。巨蟹男尤為恬恬吃三碗公，隱而不顯的情場殺手。

說實在的，鳥來伯畢生唯一撲倒的男性，就是巨蟹男，雖然我不是美女，但是男人放著現成的菜不吃，人家當然也會怕菜涼掉啊，不湊到他嘴邊怎行？

聰明的巨蟹男有時候比雙子座更像「雙頭獸」──除了獵殺鳥來伯這種大女人外，軟弱的小女人更容易因為「同類相吸」而接近他們。像鳥來伯的妹妹是個很愛哭夭的雙魚女，巨蟹男照殺不誤，從「被照顧者」變成「照顧者」，溫情洋溢，愛感動天。所以，不管遇到叫罵組或愛哭組的女生，巨蟹男都有辦法默默把之操之。

巨蟹男的「溫情」有時比「熱情」還能讓女人的心思百轉千折，就連鳥來伯這種一根腸子通到底的人，也會為其左右。舉例來說，鬼混完要回家，巨蟹男會讓女人選擇：「要叫車子送妳回去，還是……」鳥來伯是有幾分認真，內心多少還是邪惡地期待巨蟹男能強制性地引誘我；但我又不想被當成玩伴，只好說：「幫我叫車吧！」巨蟹男於是揮手攔車。過了幾天，他打電話來，有點惋惜地說：「那天……妳就那樣回家了……」啊！那無辜的語氣，讓再巧奸的女人也會胸中一片波濤洶湧：「喔！或許他對我也是認真的……」（鏘！中計！）

巨蟹男堪稱「以退為進」第一把交椅，這是男人誘惑女人的上乘！他們總是採取觀望的態度，避免傷害的發生。正式交往時，才會發現他們「借力使力」的本事更是出神入化，可能只是情感上的一點小挫折，他就會哭夭得很嚴重，把自己化身為八點檔的悲情男主角，最後連朋友們都看不下去了，紛紛跑來指責鳥來伯的利嘴。明明是他對不起人耶，但是他卻抽抽搭搭又淚眼汪汪，反而搞得我內疚了起來，好像不原諒他就是對不起他了，跟電影《史瑞克》裡那隻裝可憐的貓咪一樣，眼眶含淚回眸殺死一缸人。所以，雖然不能論定巨蟹男不會花心，但，總有不少母性氾濫的女人想主動關心他們。

　　跟巨蟹男戀愛還算安心穩定，他也變不出啥好把戲，約會大半都窩在家裡東摸西摸等發霉。偶爾鳥來伯想出門吃點別的東西，傻乎乎的巨蟹男竟然從他家裡冰箱包來他老媽做的菜，連碗筷都帶來，溫馨歸溫馨，但是三、四次溫馨之後就只剩「瘟心」。女人要「別的東西」，並不是「別的菜色」，而是「別的約會方式」啊！還有一次情人節禮物，我竟收到一個不沾鍋哩，巨蟹男還真不是普通的平凡中見偉大！

　　大抵來說，他們算是很善解人意的。工作不順時，回到家跟溫柔的巨蟹情人抱怨，往往可以得到滿滿的呵護、寵愛與保護，只是有時撫慰到一半，好死不死觸動到巨蟹男的內心世界，他就會如同「真情指數特別來賓」附身，不厭其煩地把過往的受傷經驗與心海翻騰再說一次，原本「被安慰者」的鳥來伯只好轉而安慰他，不過因為早就聽了一百次，所以不小心打了呵欠——啊！完蛋，他又心碎了……

雖然巨蟹男是這麼的敏感，靜靜的不發一語，但混熟了，他也蠻瘋癲的，有時會想辦法偷偷展露才華，例如大家在聊天時，巨蟹男就會突然拿把吉他摸出來唱歌，這時候的他的確很靦腆可愛；不過，如果大家沒注意到，沒馬上誇獎他，巨蟹男就會瞬間失落。總之，耍寶不能用在他身上，因為你一旦露出無聊、多餘、演夠了沒……等等單刀直入的表情，糟，他又受傷了！身為女友，要負責搞定他們忽上忽下的心情，有時候比做愛還操！

　　咦？做愛？這字眼好陌生呀，巨蟹座在這一點上，還真殺不太到女人唷！

跟居家男人上床 —— 巨蟹男

sm 10 10 10

　　相較於前面衝衝衝的牡羊男、多嘴的雙子男，巨蟹男不但安靜得
多，也脆弱得多。巨蟹座是第一個水象星座，這個星座歸月亮管，
所以巨蟹男總有一點屬於月亮的陰鬱氣質。有的巨蟹男就像滿月，
雖然不會發光發熱，卻溫文有禮一副好男人模樣；有的巨蟹男則像
缺月，永遠能量不足，渴求別人給他光跟熱。

　　看我把巨蟹男寫得這麼軟趴趴，或許眾女性讀者都想扭頭就走，
而眾巨蟹男都想砍我了吧？事實上，巨蟹男非常有女人緣，滿月的
巨蟹男顧家又體貼，是居家好男人，而缺月的不良巨蟹男更是受女
性的喜愛——很多女性對於渴求母愛的男人沒有抵抗力。

　　巨蟹男一向給人溫和敦厚的形象，但很多人不知道他們有種恐怖
的自私。因為他們只顧自家人，只要他把你當自家人，就會當你最
有力的靠山，可是他若遇到另一個比你更親的自家人，就會很快地
把你排除在外了。

剛剛說過巨蟹座歸月亮管，所以對男性而言，是個能量較弱的位置。因此，許多巨蟹男的戀情很會閃閃躲躲，令人疑惑，但是跟天蠍男的故作神祕（天蠍男熱愛一切隱藏於地面下的事物）、雙魚男的朦朧模糊不同，巨蟹男的隱諱就像月亮只在夜晚出現，又有陰晴圓缺。

我有個女性朋友，為了報考藝大舞蹈系，學過很多年芭蕾的她去舞蹈補習班加強爵士舞。上課時，有很多動作得兩兩一組拉筋暖身，練基本動作。因為她的個頭高，所以被分配到與班上唯一的男生巨蟹男同組。巨蟹男安安靜靜又乖乖，也有一點拘謹，平常除了她，也不大跟其他女生講話。練舞練了大半年，沒有談過戀愛的她想，或許這就是愛了吧？

後來她考上舞蹈系，學校離台北市區頗有距離，也停了晚上的舞蹈課。巨蟹男也就不主動約她，有一天，她終於忍不住傳了一通簡訊，質問巨蟹男到底你我算不算是對戀人，可想而知，巨蟹男就此人間蒸發了（這可是巨蟹男的絕招）。

很久之後她才想通，其實巨蟹男不是不喜歡她，而是巨蟹男根本喜歡男人。這麼明顯的事實，她怎麼當時看不出來呢？不過，本來就是這樣，月亮的另一面總是很難被人看到的。

如何搞定巨蟹男

1.主動一點

月亮不會自己發光，要巨蟹男採取主動，恐怕等到妳結蜘蛛絲都等不到，所以等他動，不如自己先動。

2.溫柔一點

巨蟹男很容易受傷，一受傷他就會躲到自己的殼裡頭，手機關機，MSN封鎖，為了妳自己的血壓著想，最好還是別讓他受傷。

3.少往外跑

巨蟹座雖然歸月亮管，卻不愛跑夜店，只愛窩在家裡當蘑菇。如果妳是夜店女王，巨蟹男不適合妳。

4.做點家事

既然巨蟹男喜歡待在家裡，如果妳懂得種種花、燒燒菜、洗洗衣服拖拖地，這對擄獲巨蟹男有著絕大的魅力。

5.果決一點

外人總是很難理解巨蟹男心裡到底在想什麼，如果妳決定跟巨蟹男分手，就速戰速決吧！不然痛苦的絕對是妳自己。

華麗大爺獅子男

鳥來伯

十二星座裡，不管做什麼都閃亮刺眼的皇帝大爺，就是獅子男。

我認識的獅子男，幾乎清一色都是名牌鬼，每次陪他們去逛那種我自己一個人不會踏進去的高級店，就覺得壓力很大。大家也知道鳥來伯是雜牌一掛，最愛逛路邊攤，身上雖然不是什麼破爛行頭，但怎樣看都不見高檔。可是獅子男就不一樣了，只要經濟能力許可，寧願不買，也要挑到好貨。鳥來伯有時會覺得他有一點點俗氣，像土財主，恨不得全天下知道他用名牌似的。

誇張一點的獅子男，遠遠走來，瑞氣千條，能看到的全部都是叫得出名字的，包包上爬滿的LV字樣，眼鏡不是JPG「一條龍」系列就是水鑽飛舞的DIOR，連瞎子都可以感覺到金光閃閃。低調一點的獅子男，或許沒這麼貴氣，但皮夾鞋子襯衫牛仔褲，總有一樣是好牌子，小小瞄一下MARK，總會讓人倒吸一口氣，不管真偽，總之就是個名牌！獅子男認定便宜沒好貨，跟他們逛路邊攤既心酸又不

好玩，常會感覺到他們眼中那種寒酸與不置可否的神情，只能說天子與庶人不同命。

所謂的「愛用名牌」，並不代表眼光獨特，很多時候他們買的東西並不一定最美或最適合，但在價格、數量上肯定是遙遙領先。他們一聽到「全球限量十個！」眼睛都飛出煙火了，下一個動作就是掏錢；或是看到電影宣傳「歷時三年，耗資十億，破影史最高紀錄」等等聳動字眼，就算知道是大爛片也飆去看。

記得有一次，獅子男買東西刷卡，不知為何，鬼擋牆刷兩次都刷不過，他眉頭一皺，開始就「朕不爽」了，臉色跟暴君屠城一樣，殺氣騰騰地衝去提款機領錢，買了更多一倍的東西。「抱歉，先生，是我們刷卡機有問題……」直到售貨小姐不斷賠不是，獅子男才逐漸「朕爽了」。他就是怕人家以為他買不起，人是英雄錢是膽，獅子男身上絕對帶足現金，裝得飽到錢包都折不起來，才會「朕爽了」！他們深信，有錢威力大，拿厚厚的一疊鈔票出來，戲劇性強多了，現金才能讓神鬼推磨！

跟獅子男交往絕對是備受恩寵，因為他們是需要人家伺候的，跟著他們，也會一起被伺候到。路程太遠，他們絕對叫計程車；擠火車麻煩，他們一定坐飛機。他們不拘小節但是耐性死光光，覺得全天下的店都是開來等他們的，因為他是皇帝，沒有那種「跟大家一起排隊」的美國時間。這一家人太多，「朕不爽」就換一家，就算換別家比較貴也沒關係，「有什麼了不起，我們不求人！」看電影也寧願花大錢買黃牛票，也不願意耗時間流汗排隊。

可以說他好逸惡勞，也可以說他自私自利，但獅子男就是這樣，集所有「真男人」的優缺點於一身，爽與不爽全天下都要為他旋

轉。特有的英雄氣味卻總讓女人念念難捨，跟著獅子男，女人吃不到什麼苦，只要他夠疼女友，對方稍微唉一聲，他就會準備好；能用錢解決的，對他們而言絕對不是問題，全天下他也能夠賺回來捧給女友！有時候獅子男買了女友並不很喜歡的禮物，女友還是得硬著頭皮用，否則，就再也收不到禮物了……這就跟古時候「天子賜婚」一樣，沒得挑的，女人只能叩謝跪安。

獅子男以解決愛人的問題維生，對於弱女子最沒抵抗力，如果愛人不夠弱、不喜歡麻煩他，那就是不愛他。他很愛在眾人面前，背著脆弱女友走山路，雖然回去鐵腿躺掛三個月也沒關係。說實在的，要當他的女友說簡單也挺不容易的，像鳥來伯這種堅強大女人要是不裝一下腦殘，是得不到寵愛的。

尤其現在女人大多獨立自主，願意低聲下氣如女奴般跟他博感情的，已經快瀕臨絕種。加上，獅子男打死不會說「對不起」，吵架更不可能先低頭，女友拚命做台階給他下，他得了便宜還要拿翹。「面子」對於男人，尤其獅子男，比命還重要，只要女人願意順著獅毛摸，在外頭一直給他高帽子，獅子男會是十二星座中最好摸透也最容易搞定的，不然大家硬碰硬，只能兩敗俱傷。

而且，獅子男這種面子掛帥的華麗派，是從裡到外的黃袍加身，房事講出來更是要人納命來。他們通常很愛穿花俏內褲，繡龍繡花的尤為勝品，甚至連這種誇張金內褲也非名牌不穿，實在很難理解，哪個名牌會出繡龍金內褲？更有勇氣的是穿在身上的男人，還真自戀到家。

獅子男也獨鍾所有電影或A片中任何誇張強悍的橋段，咬破內褲、撕破睡衣、扯斷胸罩的野獸舉動他們最愛，獅子男不允許女人

騎他到身上（好悶！），卻愛把女人壓在牆上、把桌上雜物掃開，用整個身體伏下去啃，場面搞得很像強暴。剛開始鳥來伯很生氣，再怎麼說，錢不好賺，一件一千多的性感內衣也不是專門穿來給他糟蹋的，但好像演著演著就激情起來，不由自主地跟著一起血脈賁張，沒日沒夜沒下一次似地全力以赴，心中只有「無憾」二字……

　　只是，火爆炫目的性愛，水準一定讚嗎？跟皇帝做愛一定高潮嗎？那可不一定，但外在形式肯定是華麗燦爛，這，就是獅子男。

跟大明星上床—— 獅子男

sm 101010

　　三個火象星座裡面，牡羊是急躁的小火，只顧自己爽，一下子就燒完了；射手座又太偉大，管的是社會、法律以及人道的大議題；而獅子座燒得剛剛好，既會談情說愛，床上工夫也挺不賴。

　　獅子男是遊戲之王，有點戲劇性，很懂得戀愛中的各種把戲。他們會先帶妳吃個頂級晚餐，回到家之後，妳會發現房間床上撒滿了花瓣，然後當然是開香檳，並奉上撒了金箔的甜點，切開甜點之後，又發現裡面藏了一顆大鑽戒！

　　我有個朋友愛上了公司隔壁部門的獅子座主管，一段羊入虎口的愛情就此展開。這個獅子男自小在美國長大，一路就讀長春藤名校，渾身散發出令人目眩神迷的貴族氣息。獅子男出門約會必去高級餐廳，而且名車接送、幫女伴開車門、拉椅子不在話下，Go Dutch更不在他的字典裡頭。

　　這種明星級的禮遇當然令人難以抗拒。不過幾次約會下來，她偷

偷跟我們抱怨這種禮遇背後不為人知的疲累。獅子男熱愛所有流行的事物，食衣住行各方面都展現超強熱力，現在流行什麼服裝、髮型，不管適不適合，他都不落人後。現在流行哪家餐廳，不管好不好吃，是不是大排長龍，他也一定湊熱鬧，日子久了還真有點膩。

除了愛趕潮流之外，獅子男又有點大男人，雖然掩飾得很好，是一種不令人討厭的大男人，但終究是大男人。「可是……真的太男女平權的人，事實上有那麼點無趣。」她這樣安慰自己。

按照星座理論來看，獅子座歸太陽管，所以有些獅子座會有明顯的「日出日落」現象，人前一條龍，人後忽然變成一條蟲，身為成功男人背後的女人，這就辛酸了。

交往了大半年之後，發現獅子男會幫妳付帳、幫妳開車門、開香檳、撒花瓣，讓妳用昂貴的瓷器吃大餐。可是，抱歉喔，吃完爽完之後，盤子妳得自己洗，花瓣妳得自己掃，酒瓶妳得自己收，別妄想他會來幫忙。獅子男是大爺，只管聚光燈下的掌聲，至於那些打雜的小事，是打雜小妹的分內工作。

不久之後，她就跟獅子男分手了。「雖然我不介意羊入虎口，但是我不想做女傭！」她這樣告訴我們。

`Tips` **如何搞定獅子男**

1. 美麗一點
太陽、金星在獅子座的男人，喜歡有明星氣質的女生，如果妳沒有幾分姿色，獅子男連瞄都不瞄妳一眼。

2.流行一點

獅子男的口味總是追隨時代潮流，現在流行長髮妳就得留長，流行短髮妳就得剪，否則難保他們的目光不往其他時髦女的身上飄。

3.有點幽默感

說穿了就是腦殘。為了配合獅子男的激情演出，即使多麼愚蠢老套的約會把戲（嘖嘖，都什麼年頭了，還玩巧克力蛋糕裡藏戒指這套……），妳不但得全力配合演出，演完之後還得用力鼓掌，不然獅子男可是會不爽唷！

4.認命一點

即使妳貌美如花，但待在自戀的獅子男旁邊，妳只能當個陪襯他的綠葉。沒辦法，他們認為自己才是明星，所以還是認命點，少搶他們的鋒頭。

5.心臟強一點

有的女生溫柔賢淑，只愛在家做飯刺繡，遇到愛當明星的獅子男，若沒有勇健的心臟，難保不被他的花招搞到翻白眼。所以心臟不夠強的女生，為了自己的生命著想，還是早點跟獅子男說掰掰。

我最不像處女男

鳥來伯

　　處女座每次要介紹自己的星座時，總會毫無例外地說一句：「欸……其實我很不像處女座的啦……」

　　鳥來伯不懂，這星座到底有啥可恥的呢？可恥到連自己都想逃避耶，真是了不起。我認識的處女男都很兩極，不是把處女座的驚人天性發揮得讓人嘆為觀止，就是非常極端地背道而馳，但不論怎樣，都是非常變態的。比較典型的處女座，真的就是龜毛又有潔癖，我常覺得他們很像監視器，一直在檢查我的一舉一動，寶瓶座的鳥來伯本身就是隨性分子，怎麼做都不會合他們的意。

　　例如，在辦公室裡，走過去隨手從處女男桌上借一枝筆，也好好插回筆筒了，但他回來就是會一直盯著那枝筆，然後翹頷癟嘴甩頭地說：「我發現了！」那嘴臉真像討厭的教官。不過就是一枝筆，發現怎樣？出人命了嗎？而且，鳥來伯不解，我真的有照原狀放回原位耶，處女男到底是怎發現的呢？再不然就是借張CD也會被罵到

臭頭，因為CD放回盒子裡時，沒有正面朝上放進去，神經大條的我沒察覺，處女男卻因為這件事情疏遠鳥來伯好久。此外，搭處女男的車，下車時常會被要求椅背要豎直回復原狀，坐過碰過的地方，處女男都要仔細檢查，好像鳥來伯全身沾屎一樣，真不知道是誰對誰不敬唷！

不過，這種令人髮指的納粹行為，不只針對我寶瓶座，他們出去也很愛東批評西調整的。明明就是別人大樓電梯掛好好的一幅圖，處女男竟然會伸手去撥正耶，「欸，妳有沒有覺得這畫框斜右邊去了？」鳥來伯揉揉眼睛，怎麼就看不出來哪裡歪了呢？出了電梯，他還一直叨叨絮絮念個不停，煩死了。「好啦，你快回去給它擺正啦！」處女男真的又滾回去，東摸摸西摸摸那幅畫，行徑詭異連大樓管理員看監視器都發怔了，才心滿意足地走出電梯說：「這樣好多啦！這樣好多啦！」說真的，天殺的，我瞎了，我怎麼看不出哪裡不一樣？我只知道，人在江湖走跳，為何要這麼累，不懂！

朋友口中的處女男，也是「神經特攻隊」。某個女性朋友出國時整理行李，就只是把要用的全丟進去箱子，拉鍊拉上就好，但她的處女男友竟然會偷偷打開檢查，然後放聲尖叫，起乩似地把整箱行李倒出來重新整理，哪個暗袋裡面放什麼都要清清楚楚，回國後要檢查。處女男自己出去旅行更是OVER，每天，每天喔，晚上會把行李倒出來整理，又一樣一樣收回去，跟女鬼每晚把頭拿下來梳一般，搞到半夜還不睡，問他幹嘛不最後一天一次整理就好了，處女男說這樣他才知道還有多少空間可以放……各位，有沒有想給他大拇哥？

或是去吃日本料理，處女男也會不厭其煩地蹲下身子，把大家隨

意脫在包廂門口的鞋子，成雙成對地排好，這種刻薄婆婆對小媳婦的嚴格神經質個性，總讓餐廳服務生不寒而慄。

有些處女男雖然沒有潔癖或是龜毛，居住環境也髒到不行，更是打死不做那種跪在廁所地上用棉花棒摳磁磚縫隙污垢的變態事，但是，他們卻會神經質地堅持一些好好笑的事情，例如，眼鏡拿下來後，一定要用某個角度放到桌上，但是桌上明明就亂到不行，根本沒有地方放眼鏡，但不管，他放下去的角度還是要堅持……（啊啊啊，我又不懂了）。或者，直嚷著要減肥，可以飯都不吃，每天卻一定要喝珍珠奶茶。為了那杯珍奶，寧可其他東西都不吃，這啥減肥邏輯？他們的堅持中總帶有一種好笑的成分。

就像隔壁的男性寫手sm101010也是處女男，當鳥來伯把這篇文章給他過目時，他只淡淡地說：「這些都沒有問題，只是『水瓶座』可否改為『寶瓶座』？」我反問：「有差嗎？」sm101010斬釘截鐵表示：「我們上占星課的時候，老師都會用『寶瓶座』……」欸，我抓頭，這……水瓶座不就是寶瓶座？sm101010又很經典地回答我：「因為『水瓶』跟『天平』很容易搞混啊！」鳥來伯舉白內褲認輸了！吼～～依他啦！依他啦！

我認識的處女男都悶騷，雖然內向，但我常被他們鮮豔的服裝顏色閃到眼瞎，不知道的人還以為他們很大膽，但其實害羞得緊。他們好像中了表白魔咒，縱使內心千軍萬馬奔騰，外表仍不動如山，喜歡一個人堅持死不開口，只會窩在牆角畫圈圈，等到女生被追走了，才跺腳生氣說一百遍「我好恨！」

不過，處女男都有撐起男人們的面子，性愛上的態度遠比感情來得開放，他們在床上熾熱狂烈、花招百出，不是我們所想像中的

那種一路到底傳教士。他們的眼睛是性器官，狠狠地睜開做愛，甚至要求對方跟他四目相望地奔馳情慾，而且，他們很愛鬼叫，也希望對方一起吼，那股想把對方生吞活剝的殺氣，簡直跟白天愛調畫框、邊聊天邊收收擦擦的歐吉桑印象截然不同。有一個說法是，處女男認為「做愛要比戀愛簡單」，因為他們喜歡有經濟效益的事情，這觀念也讓鳥來伯噗嗤跌倒。

一般而言，處女男脾氣不會壞，不要侵犯到他的私領域就不會抓狂，頂多也就是被他念一念而已。不管多麼兩極，共同點都是很矜持，凡事都自己扛著，彷彿沒體會過被體貼、被愛是什麼滋味，心裡面好像擺了尊神像，沒事就在家裡與神對話。

鳥來伯覺得他們有時候也挺像神明的，跟他們聊天如同去教堂找神父懺悔，因為他們總秉持「我為人人」的心情收聽，而且口風超緊，不像雙子座、獅子座，東邊聽完，西邊馬上說溜嘴。處女男絕對是女人傾訴祕密的好對象，因為他們會把別人認為很沉重的心事，化成笑話給輕輕帶過，鳥來伯一度還以為他很樂觀哩，其實不然，他們自己心裡的垃圾反而會一直擺著，擺擺擺，擺到一個撞牆期就出現女人來大姨媽的那種症候群，自閉燉悶鍋不理人，搞得女友丈二金剛摸不著頭腦，一直問：「怎樣啦？到底怎樣啦？」怎樣喔？還不簡單，就是去與神對話了。

你是處女男嗎？看完這篇，你下次會不會改口說：「欸……其實我還滿像處女座的……」

跟鬧鐘上床 —— 處女男

sm101010

　　如果你到別人家作客，發現他家裡到處都有時鐘，每個鐘的時間還設定的不一樣，那他很有可能就是處女座能量很強的人。問他幹嘛搞得那麼複雜，他可能會告訴你：「為了要睡得好，所以臥室的要調慢七分鐘；怕上班遲到，客廳的要調快十分鐘；擔心趕不上垃圾車，所以廚房的得快五分鐘……」他講得頭頭是道，旁人卻聽得一頭霧水。處女男崇尚規律，認為任何事情都有一個最佳的標準流程，如果事情全照著他們的標準流程走，世界保證能運作得更順暢。他們簡直就是中央標準局！

　　在生活、工作上使用標準化流程已經夠令人神經緊張，如果連在床上也這麼搞，還挺像恐怖分子的。處女男喜歡定時、定量、定性，我有個處女座的朋友堅持只在每週五的晚上才做愛，而且月底的那週不做——因為月底手頭沒錢，心情不好。但是，如果當月有五個禮拜的話，那麼，最後一週的星期五晚上又要做——因為一年

難得遇到四次有五週的月分，可得慶祝一下。

在那個完美的星期五夜晚，即時他上了床做愛也會時刻留心：幾點開始、幾點結束、床邊該擺什麼道具、完事後該如何善後……而且，處女男還會把這些做愛細節、滿意度評比、得到幾顆星通通寫在日記裡。

其實處女座不是很性感的星座，因為他們太喜愛整齊乾淨有秩序，然而，做愛過程充滿了黏液、氣味、溼答答的東西等等，即使他不見得討厭做愛，卻會在每次做愛之後，很有耐心地把床單枕頭套全部送洗，地板還要拖一遍。

處女座不僅是效率大王，也是床上的分心大王。我另一個處女座朋友告訴我，有一次他躺在床上做愛，剛好看到天花板上有個髒點，他滿腦子想的都是那個髒點，只想趕快結束之後，去把它擦掉。即使不見得會草草完事，卻會讓對方覺得他有些心不在焉。

處女座不但自許為中央標準局，還自許為經濟學家。說小氣是不至於，但是往往喜歡見樹不見林地盤算損益比，甚至考量邊際效益。在愛情上，他會評估這段戀情對他有什麼幫助，如果吃力不討好，他就不談；在性愛上，能獲得多少爽快，也得衡量自己付出的時間、精神，如果不划算，他就不幹。

所以……依我眾多朋友的統計顯示，處女男可說是最愛打手槍的星座了！乾淨、衛生、簡單、有效率，這些自慰的好處，全都是做愛無法相提並論的呢。

如何搞定處女男

1.規律一點

如果他們喜歡禮拜五約會,妳就把禮拜五留給他吧!如果他們喜歡午夜之前做完愛,妳就配合吧!搞亂處女男的行程表是件可怕的事情,不想看他抓狂,最好一切照著他的計畫走。

2.動作快一點

處女男趕進度的原因不是為了要爽,而是他們精算的結果,做愛不就是為了高潮那一刻,所以一切以效率為前提,前戲什麼的都是廢話,速速達陣要緊。因為高潮過後,還有床單、地板等著洗咧!

3.聽話一點

處女男的律令恐怕妳一輩子也搞不懂,與其一條條地記熟,或者(更不智地)去跟他爭論這些規則的道理,不如順他的意,妳的耳根子也將清靜不少。

4.整齊一點

很多人認為處女男愛嘮叨,其實他說出口的,恐怕不及想說卻沒說出口的十分之一。如果妳的房間不夠整潔,他可以憋著不說,但他做愛時,鐵定想的都是這件事,所以為了讓他在床上專心點,房間可要先收拾一下。

5.有反應一點

不得不這麼說,處女男在床上賣命,都是為了「服務」的精神,而不是為了讓自己爽。他是床上多話的幾個星座之一,所以常會很熱心地問:「有爽到嗎?有高潮嗎?」為了讓他下次更賣力地「服務」妳,請讓他體會到服務是有代價的。

濫得瀟灑天平男

鳥來伯

　　要也不說，不要也不說，天平男這道道地地的龜毛種，居然是最多爛桃花的星座男人。

　　很多人認為天平座都是俊男美女，但我覺得還好。他們不是帥，而是很清楚如何利用自己的優勢去化腐朽為神奇，例如禿子會戴頂有型的帽子遮醜，肥仔會穿得乾淨俐落不噁心，瘦子會打扮得光鮮亮麗不寒酸。天平男不見得像獅子男那樣驚艷張狂，卻很有辦法讓自己很有品味地出場，成為目光焦點。打扮對他們而言，是一種日常生活的步驟，是在證明他們還活著；不愛美的天平男，應該就是哪裡出問題了。

　　天平男注重外表的程度讓人髮指，他會為了愛美而刷卡付循環利息，賺錢賺到灰頭土臉都沒關係，只要穿著入時就好。他們出門前會想半天要穿啥，遲到也無所謂，要美！要優雅！一定要！（咬牙～～握拳～～）他們一打扮，就會從頭到腳打點好，同一色

系同一材質同一風格，完整到你甚至會以為有造型師幫他打點。例如，他開AUDI的TT跑車，可能會用整套TT系列的萬用手冊、領帶夾、袖扣、筆，全身包裝好才出門。但華麗感又不像獅子男的鶴立雞群，完整性又不是處女男的一絲不苟，就是一種會讓人「帶得出場」的適切得宜。鳥來伯覺得天平男很像古代莊園的二公子，不像大公子萬眾矚目，不像小公子三千寵愛，他們的老二哲學總是曖曖內含光，自成風格，讓人沒辦法不注意他，因為天平男還是有點貴氣在。

雖然天平男賞心悅目，但很要不得的，是骨子裡的優柔寡斷。一個天平男友說，因為他們希望「面面俱到」，所以常瞻前顧後，但不是處女男那種「心中有一把不能顛仆的尺」，天平男心中根本沒有尺，他根本不知道自己要啥，要他「選擇」，不如千刀萬剮。女友跟他們溝通，常常會有「鬼擋牆」的情形出現。例如交往時，天平男會問我：

「欸，今天要吃啥？要不要吃A？還是B？我聽說B也很好……」

「嗯……我想一下，B好了。沒吃過B……」

但在路上時，天平男開始鬼擋牆了。

「妳真的想吃B嗎？還是我們去吃A？如果妳真的很想吃A……」

靠夭啦，啊不就現在要去B了！抓狂了！

「喔……好啦，我只是想問，妳想去吃A跟B的程度啊？幾比幾啊……好啦，當我沒說，我們去B囉？OK？」

老娘哪裡都不想去了，煩不煩啊？一開始就說B了，扯耶！不過就是吃個飯。跟他去了B餐廳，吃到一半，他又開始夢囈：

「如果我們剛剛去A啊……」

神啊！鬼擋牆啊啊啊！我不想跟龜王吃飯了，顧人怨，猶豫不決就算了，還要拉別人一起被牆擋，擋到牆都垮了。

對他來說，「找到缺點」反而好辦事。相信我，他可以坐在床上一下午，只是在盤算晚上要先去看電影還是逛街之類的芝麻小事，這也要，那也要，搖搖擺擺。真正去了，好像也爽不起來，因為他總認為，沒去到的、沒買到的、沒吃到的東西最是極品。永遠吃這碗看那碗，去餐廳點東西更是無人能擋之慢地研究菜單：想吃雞腿但好油、牛肉美味但昨天剛吃過、肋排是招牌但是吃相難看……好不容易點好了，天啊，副餐又來鬼擋牆，咖啡紅茶冰的熱的去冰少冰半糖無糖……。最後，天平男只好跟服務生說：「啊……那個……不然……等我吃完主餐再點好了……」先把問題丟一邊，逃避一下再說。

天平男購物更是天下無雙龜，好不容易買了，但回家想來想去，過幾天又來換另一件。有時候還會越考慮越生自己的氣，燃起「恁伯幹嘛被困在這裡，犯賤！」的怨氣，然後就「老子不買了」憤而走人，再不然就是「吼！都買啦」，甚至其他不必要的東西也一起買了，試圖逃避心中要面對的選擇。

這種屎尿個性，其實在社交上反而好。因為天平男總想兩全其美，所以會很遊刃有餘地當花蝴蝶，絕不會顧此失彼。他們會賣力地這裡沾沾，那裡點點，廣泛地惹人注目，周遊列國，毫無障礙。他會邊跟A打屁邊偷聽鄰桌的B在說啥，還不忘觀察遠遠的C在幹啥，跟女嬰女人女嫗女鬼都吃得開。厲害的是，天平男不是喇過就忘的雙子男，天平男喇完一定會記得，並默默把此人的資料寫在心中的公關表上。

天平男也沒有雙子男的勢利，因為雙子男只跟聰明人交手，天平男則是葷素智愚不拘，什麼碗糕他都能聊，可以蜜蜂採蜜、可以蒼蠅沾糞——因為他怕自己被拒絕，也不想拒絕別人，所以有人一靠近，沒魚蝦也好，他會投其所好，獻上好感。

天平男常常讓「爛桃花」過度與過渡，百無一用濫露水。因為，女人都有一種觀念，那就是「帥哥難相處」，所以當外表搶眼的天平男主動親切地與女人接觸時，那威力絕對殺！他總能夠處處漏電（漏電不是放電喔）而不自知，一不小心就讓女人認為天平男對她有意思，但其實，屁咧！這種遊走在愛情與友情之間的男人，只是在秀自己，確認自己的魅力罷了，算是濫得很瀟灑的星座。

雖然跟天平男戀愛有面子有看頭，但他們很容易讓女人沒有安全感，不能專心好好來對待。身為他的女友，要不就玩得比他還兇，要不就勤勞一點，死命揮劍幫他斬桃花吧！

跟濫好人上床 —— 天平男

sm101010

　　平常大家都說天平男是猶豫先生，因為天平男的能量不集中，像是一盤散沙。我身邊的天平座朋友，幾乎一個人一個樣，很難找出統一的個性。我有個朋友分別跟三個天平男交往過，她的第一任天平男友很強勢，即使沒有什麼大不了的事情，還是要表現出很任性的樣子；第二任天平男友很變態，喜歡把自豪的老二尺寸當成茶餘飯後的話題；第三任男友很懦弱，膽小又怕事，有事找他準沒用。

　　這位苦主的三任天平男友看起好像南轅北轍，但追根究底，還是不脫離天平座的基本個性。天平座的位置落在重視自己的牡羊座對面，這代表他們重視「他人」的價值觀。

　　一號男友雖然任性，骨子裡卻沒什麼堅持，只是討厭別人說他是猶豫先生，所以刻意在某些事情上堅持，好強調自己不是沒個性。二號男友愛講自己的尺寸，跟雙子男的純粹自吹自擂不同，天平男這麼愛講，是想讓別人意識到他的存在，不然他沒辦法定位自己。

第三號男友膽小怕事，因為他努力顧及他人感受，生怕別人有一絲絲不愉快，即使那根本不干他的事。

苦主跟前兩位天平座的異類分手之後，遇到了標準好好先生三號男友，儘管對於他的懦弱有些不滿，但是總以「好人會有好報，好人總比壞人好」來安慰自己。

沒想到，三號男友不但劈腿，還很無恥地維持了好一段時間。原來天平座除了人好之外，還「吃這個也好，吃那個也好」，他有辦法從任何人身上看到優點，也很難把持原則拒絕誘惑，事實上，他根本沒有原則可言。

更慘的是，後來被抓包之後，別人快刀斬亂麻一下就可以解決的糾紛，他居然因為怕任何一方生氣，反而歹戲拖棚拖好久，更令苦主痛不欲生，只好大嘆「好人，不等於好男人」！

Tips

如何搞定天平男

1.均衡一點
天平男不像處女男這麼嚴謹難搞，但是他很重視外表的均衡與協調，如果妳太喜歡奇裝異服，一定吸引不了他。

2.自主一點
天平男就是這個也好，那個也好，所以跟他約會，妳自己拿主意就好，不然聽他這樣三心二意，不抓狂也難！

3.壞一點
十二星座中，雙魚座跟天平座最好欺負。雙魚座被欺負了還搞不清楚

狀況，天平座則是敢怒不敢言，如果妳想使壞，就對天平座使壞。

4. 簡單一點

天平男約會時喜歡兩個人的感覺，儘管他們愛偶爾劈腿。

5. 果斷一點

萬一發現天平男友劈腿，要他做個決定是難上加難，這個時候只好女人當自強，自己決定要不要這段感情囉。

肉搏偵探天蠍男

鳥來伯

　　鳥來伯認為天蠍男最厲害的，是那前無古人後無來者的偵探個性，以及永不乾涸的豐沛肉慾。

　　大家有沒有覺得，許多人只要一聽到天蠍座，就會聞之色變，倒吸一口氣，補上一句「夭壽」，足以說明這神祕兮兮的族群，對大眾的潛在威脅有多深。天蠍男難懂、心機重，有巡弋飛彈般的偵測力，不容許自己心愛的東西被搶走。愛情上更是捍衛到家，一有風吹草動，非得查個水落石出，這也是他們成就感的來源，哪裡危險越往哪去，忽冷忽熱最能吸引大偵探。

　　在還沒「出事」前，大偵探都很信任女友，但並不表示他會對其他男人卸下心防，天蠍男表面上就一副「沒關係啊，妳出去玩」的寬容大肚樣，他越是想問，越是不講，若發現女友有什麼異樣，就會捕風捉影，豎起神經（病）科學辦案。

　　首先，大偵探可能從桌上的發票去推測女友今晚去了哪裡、路線

為何；從垃圾桶的零食袋多寡推測女友最近是否常待在家裡；用手摸摸電腦的溫度，猜測女友多久前關機；刷女友的捷運儲值卡，查最近進出的捷運站；回撥女友家的室內電話，找出前一通的說話對象；尋著電腦中瀏覽過的網頁紀錄，追蹤女友常上的網站，然後自己也註冊帳號，查詢女友可能的ID；翻找女友存款簿的提款紀錄，從帳戶交易紀錄紙條裡查到提款機代號，循線拼湊女友去過的提款機地點。

就算女友沒有偷吃，有些大偵探會檢查女友的鞋底，看看鞋底凹隙殘留哪種泥土，判斷她是不是去荒郊野外亂來；做愛偷偷檢查女友身上有沒有多的疤痕……等等。查不到，大偵探也不會收線，他很能沉住氣，短時間就是不說，也絕不會笨到讓女友發現異樣，裝沒事第一名的！

你以為天蠍男這樣是極致變態，他卻認為「我是因為愛妳才這樣搞的」。而且很不幸的，天蠍每次的預感都會實現，如果女友真的劈腿，天蠍男即使氣到天火焚城，外表卻異常冷靜；別人痛不欲生猛喊「我不聽！我不看！」的真相，天蠍男反而會勇敢地把它當作毀滅前最亢奮的事來做，要分手就要驚天動地嚇掛妳。

他會不動聲色地蒐集證據，找時機點刺探，最後再冷冷地毫不留情把證據掀出來，搞得對方啞口無言，下不了台。然後擺明了「妳這『必取』辜負我！」甚至用陰險的方式去警告第三者：「我早就知道你們倆在搞什麼鬼了」，往後注定要與對不起他的前女友糾纏到底。

天蠍男這種兩敗俱傷、才不怕當壞人、千錯萬錯都是別人的錯的意志力，還挺令人髮指的。

但天蠍男比較讓人吮指回味的，大概是那打不死的性愛活力。如果你問我，性慾最強的前三名星座，我會告訴你，天蠍、天蠍、天蠍！他們是禽獸中的禽獸，無所不在的慾火，是想燒死對方的那一種，做愛不管場地跟時間，午休時間隨 CALL 隨做，連在無人的辦公室窗口都行。如此喜好漁色，對性愛自拍與網路貼圖特別著迷，更是A片蒐集界之翹楚魔人。

鳥來伯之前有個天蠍男友，房裡有一面牆專門放著分門別類的A片，從年代、劇情、國籍，到一區、二區、三區，完美整齊建檔收納，簡直媲美百視達。除此之外，電腦還有一顆滿滿的A片硬碟，以100G起跳，最高到400G，每天定時膜拜，是朋友們的A片導師，可以跟同好分析演技，跟不熟者介紹入門影片，看到網路上的A片介紹，就知道這張該不該下載來看；如果在A片學到什麼新招，都會拿來試，阿貓阿狗會的他最會。

鳥來伯常覺得天蠍男好像有源源不絕的精蟲，做完還想，做完又想，全身上下都是性器，而且就算分手，也很有可能會因為「想要」而找前女友來「敘舊」，這一點天蠍男倒是很不記仇！

他們也不是性能力強或技巧有多好，而是那種「好想要，就是好想要！」的慾望在膨脹，非得解癮才可以，簡直就是戴著勃起陽具走路的男人，也是24小時內性愛次數最高的馬達星座。除非另一半可以跟他一起猛浪過招，忍受得了每天早上被他用「放進去」叫起床的刺激，不然，在天蠍慾海裡淹死的也不少。

我必須要說，因為天蠍男對肉體或小細節的感應特別強烈敏感，所以當朋友發生問題時，總能一針見血勸對方看開。他們像拿水晶球的先知巫師，從對方隨便哭夭的三兩句話就知道大概了，而且預

測神準得要妳下跪噴眼珠。他們的記性也好到嚇死人，陪朋友逛街永遠記得對方衣櫥有哪幾件類似的衣服，去年搭了幾次計程車，甚至生理期都能幫忙記得。天蠍男的細膩，常讓神經大條的女生大感窩心，鳥來伯在感情上受傷，幾乎也都是靠天蠍幫忙才走出來，他們很能為別人保守祕密，並且冷齒地勸妳「該醒了」，是幫助朋友快刀斬亂麻的狠角色。

馴服天蠍男不難，他們只是犯賤了點，容易就口的獵物反而食之無味，女人給他糖吃，還得不著痕跡呢。別以為活生生把自己攤開來以示忠誠就OK了。對於那些白癡女，天蠍男才懶得偵查，懶得勃起咧！

跟毒品上床 ── 天蠍男

sm101010

　　大家總是覺得天蠍座很性感。但性感與好色不同，這麼說吧，好色的星座很多，之前我們說過的牡羊座、金牛座、獅子座都好色，不過大張旗鼓把「性」掛在嘴邊披在身上的只有天蠍座！

　　天蠍座是黃道第八個星座，與第二個星座金牛座相對，因此，這兩個星座有著相同的出發點，卻從相反的方向呈現不同的風貌。同樣是喜歡床上運動，金牛座喜好的是「自我的性」，也就是說，金牛座雖然不會只顧自己爽，但本質上，是以追求自己舒服為最高目標；但天蠍座注重的是「他人的性」，性對他們而言是一種武器，讓對方乖乖就範聽話的武器，因此，他們把「性」當成標榜的旗號也不足為奇。掛上天蠍座的標籤，彷彿就是告訴別人：「想要猛烈美好的性，只有我能給你！」

　　天蠍座是有名的悶騷星座。要悶騷，前提當然是騷，以天蠍座的標準，悶著騷比公開騷，更騷！我認識的朋友中，舉凡穿屌環的、

穿乳環的、刺青的、入珠的，通通是天蠍座。我猜，那些會去折磨自己練陰吊百斤九九神功的人，天蠍座一定比例很高。

我有個天蠍座的朋友，長相非常有味道，身材非常強壯，穿了乳環、肚臍環還有刺青。我問他為何沒穿耳環，他給我一個非常天蠍座的回答：「我不喜歡在別人看得到的地方打洞……」言下之意，想看到他的穿洞，得是特定的人、特定的時間地點，還得通過層層考驗，成為他的俱樂部會員才成。

我那天蠍座朋友，剛才已經說過了，身材好、長相好，加上很敢穿能展現性感的緊身衣物，一副耐操又有擋頭的樣子，想必在情場上無往不利，但是很不幸地，他的情路可不那麼順暢。因為這人簡直是變態（咦？變態不正是天蠍座的關鍵字之一嗎？），自動送上門的，不要！百依百順的，不要！他追求的對象跟外在條件無關，唯一的關鍵是：獵物具不具挑戰性，越難追的他越要追！

不過，這種獵人本性與牡羊座不同，牡羊座的獵人本性顯示在追逐的刺激感與速度感，而天蠍座的狩獵則是對於獵物的愛恨激情，就像貓不會一口吃掉獵物，要先追追牠、逗逗牠，折磨折磨牠，至於一口把獵物吞到肚子裡，只是最後完成的儀式。

所以天蠍男很享受釣人的過程，不管得耗多少時間、金錢與花招，所有愛情（以及色情）電影出現過的招數，他都能學以致用。而且他在釣人的過程中，已經得到高潮了，所以等到上床時他也已經無心戀棧，有時很不幸地——因為我是他的超級好朋友，他私下告訴我的——還會不舉。

不過，天蠍男厲害得很，既然穿環入珠九九神功什麼都練過，就算下面不舉，光是動動舌頭也能讓對方高潮。只是再好的獵物，

如果被他追到之後就乖乖就範變成死魚，那這段戀曲也會很快就完蛋。既然身為獵物，就得表現得捉摸不定、不斷掙扎，對天蠍男而言才夠HIGH。

不過性無能畢竟容易遮掩（沒想到性無能也會冠在天蠍男頭上吧！告訴你，別被他們高超的性技巧給騙了，床上再厲害的人都會有這個困擾，只是掩飾得好不好而已），可是性愛高手不見得是戀愛達人。

剛剛提到天蠍男酷愛「高難度」的追逐過程，高難度通常伴隨著高風險，等到對方死心塌地了，他又開始懷疑起對方的真心。

他們愛追求難度高對象，屬於愛情上的先天不良，到手後又疑神疑鬼，屬於愛情上的後天失調。難怪我這天蠍座朋友一年到頭桃花不斷卻總是唱空城計。

性無能可以靠九九神功解決，「愛無能」恐怕就沒有葵花寶典可以解救了。

Tips

如何搞定天蠍男

1.複雜一點
天蠍男不喜歡任何簡單的東西，如果妳只喜歡勵志作家、芭樂K歌、早睡早起，與其後來被他拋棄，不如一開始就別跟他在一起。

2.激情一點
儘管天蠍男口口聲聲說他們熱愛家庭生活，不斷抱怨情路不順，但是真要他們排排坐吃果果，可就難為他們了。只要不演變成家暴事件，

最好讓戀愛過程戲劇化一點。

3.嘴擦乾淨一點

天蠍男有神準的第六感和超強的偵查力，如果妳劈腿，不管為時有多短，總有一天會被他抓到，他會不動聲色握著這個把柄，就像天蠍對付獵戶（詳見第210頁「天蠍座的神話」）一樣，在最致命的時刻給妳致命一擊，不得不小心啊。

4.難以捉摸一點

不偷吃不表示妳得表現得一覽無遺，這樣天蠍男會很快地對妳失去興趣。在某些領域展現出捉摸不定的深度，才能保持他對妳的熱情。

5.胃口大一點

天蠍男有點沒自信（但他們打死不承認這一點），以為自己的床上技巧是鎖住對方的最佳利器，如果妳敢跟他説：「親愛的，我今天頭痛……」他們會以為妳不愛他了。

口腦分離射手男

鳥來伯

　　十二星座裡，射手男是最沒啥變態事蹟可以說的。雖然不機車，但那我行我素的個性，還挺想稱他一聲「拎腦失」。每次跟射手座說話，都想把他脖子扭斷。

　　為何想把他脖子扭斷，因為他們真的很不專心。鳥來伯的弟弟就是個耳朵放在口袋裡沒拉出來的射手男，「辦事不力」是他的一大專長。差遣他去買東西，明明出門前耳提面命很久，也寫在小紙條上了，但買回來卻讓人傻眼。

　　「不是要你買雞腳嗎？雞腳在哪裡？」我翻找滷味的塑膠袋問。

　　「有啊，有三根！」

　　「哪裡啊？見鬼了，你過來看，雞腳在哪裡？」

　　「喔，奇怪，真的沒有。我剛有跟老闆說……」射手座弟弟一頭霧水，把滷味攪了攪。

　　「屁咧，你買的是三根雞脖子。你把雞腳說成雞脖子，對吧？」

我氣急敗壞地說。就買個滷味，買個正確滷味，很困難嗎？這種症頭要是換到愛情上，就會更令人腦失。

射手男腦殘無比，完全依照自己的速度前進。我認識一個射手男，示愛的方式直指人心：「我喜歡妳？要在一起嗎？」如果女生有一丁點猶豫，就不行喔，他要她馬上回答「要」或「不要」，不然他會繼續問，打破沙鍋往世界邊緣問去，「我喜歡你，妳為何不喜歡我？那妳怎樣才會喜歡我？那妳喜歡怎樣的男生？妳說說看啊」，To Be or Not To Be，這方面射手男挺自我的，不太管女生感覺有沒有到位，只想一步登天。

變成男女朋友後，射手男更不會說啥情話，送花送小禮物更不可能，他認為：「搞那些鬼花樣，全是廢話好不好，別這麼無聊！妳知道我愛妳就對了，懂吧！」萬一遇到會找麻煩的女友，射手男會發瘋，最後乾脆分手。

不會說情話就算了，射手男那種無心的評論也常讓女友瞠目結舌，他們不會拐彎抹角批評，例如看到女友穿短裙時，他會說：「啊哈哈哈，妳變胖了耶！」沒禮貌，也不管女生對身材很在意，女友生氣，射手男也是阿呆到最高境界，不會發現或察覺，還會火上加油說：「大腿縫卡肉卡得很明顯，這樣很可愛啊！」眼看女友惱到肝火升起，賭氣了，射手男還是依然故我地白目，不懂得看人家臉色，可能還很開心地說上次看到一個肥妹多可愛等等的。

做愛氣氛超好時，射手男也會心直口快地說些不中聽的話。例如，女友穿兔女郎性感內衣大跳艷舞時，射手男會很煞風景地說：「哈哈哈，妳幾歲了，幼稚！」欸，一點都不好笑。看到女友偶爾穿得比較「台」，他會脫口而出：「妳這樣穿，跟許純美差在哪裡

啊？」他們沒有惡意，只是沒有女人受得了這樣直接的批評。但你無法要求射手男說話婉轉，他不知道「迂迴」二字如何寫。講多了，他們還會不耐煩：「我又沒有錯！幹嘛這麼做作。」腦筋直到讓人欲哭無淚。這種我行我素的個性，得碰到也跟他們一樣「口腦分離」的女人，才能生活得相安無事。

射手男的性觀念也是我行我素，我好幾個射手座男性朋友都是「3P」的推崇者與實踐者，當他們這樣對女友要求時，常會被看成性變態。他只是覺得「試試看又不會死，不喜歡就不要啊！」好像在試吃一樣地輕鬆自在。

他們也沒什麼時間地點的制約概念，任何地方都可以大搞前戲，例如等紅燈的時候擁吻求愛，飢渴地狂扭著下半身頂住女友，對面馬路一堆人看到也不管，「欸欸欸，有人在看啦～」「幹嘛？不可以喔，我又沒怎樣……」再不就是逛街時，旁若無人地把手伸進女友腰縫，女友緊張地叫了一下，他還會說：「放一下不行喔，小氣鬼！」上手扶梯時，手伸進女友裙擺，直攻小褲褲花心的變態痴漢動作，他也駕輕就熟，說也奇怪，他的手指就像抹春藥般，在「探囊取物」間，能夠迅速讓女友「咕滋～咕滋～」地興奮起來。

但是，真正做愛時就沒這麼厲害，女友常感覺射手男是「單人做愛」，總自顧自地自己爽，匆忙完事，不太去疼愛對方，辦事完也不會摟著女友聊個天，「累都累死了，做愛完還要一直安撫人，很煩耶！」如果對方感情不好時，常讓女友有種「充氣娃娃被強暴」的感覺。

射手男是聊天的好對象，不是雙子男虛晃一招的裝熟，而是能夠稱兄道弟的舒服。即便是第一次見面也不會冷場，因為他很容易被

人家看到沒心機的一面，讓人安心地跟他繼續聊下去。有時我聽到他接到推銷電話，一般人大概都是「我不用，謝謝！」毅然決然掛掉電話，但射手男不會，他會很有愛心地和顏悅色說下去，他們會想到：「詐騙集團也是人生父母養的，雖然他們在騙我，可是，拆穿他們的話，人家多下不了台呢！」所以，往往講了一百次掰掰都還無法抽身。

射手男也是「祕密終結者」，口沒遮攔到極點，鳥來伯已經這樣被我弟出賣好多次了，不小心被他發現的事情，都讓我緊張半天，因為他會不知不覺洩漏出去，還會忘記是他說的。等我抱怨說：「欸，你幹嘛去跟誰誰誰爆料啊？你邱毅啊你！」他還一臉錯愕不知為何。人是他殺的，他竟然一點記憶跟悔意都無！所以為了安全起見，跟射手男絕對不能說祕密，他們是有啥說啥，看到啥就講啥，純粹是本能反應，然後一下下就被套出話來。其實他們也不算笨，但卻常常講出白癡話，或者講過頭，自顧自拚命講。總之，就是一個「不可靠」，彷彿裝了漏斗在身上，啥都會漏出去，走到哪裡漏到哪裡。

射手男還有「天塌下來也是最後一個壓到我」的從容，例如一杯水翻倒了，他不會去擦，他會等水乾，「反正水本來就會乾嘛！」等一下手沾到水，「咦，這水從哪裡來啊？」或是考試快到了，爸媽提醒N遍，他都不緊張，反正時間到了再說，考前一天仍在東飄西蕩。出國旅行前，永遠都是前一天才打包，出發一早才開始找護照，所有東西到目的地再買就好。女友跟他去自助旅行，常常不知道今晚要在哪裡落腳，「反正就天黑再說」。

這種浪子個性，像水手，船航行到哪裡誰知道，反正開了就對，

想拋錨就拋，想靠岸就靠，讓射手男常會把「管他咧」掛在嘴邊，就算搞壞了，就換個港口，再也不回來也沒關係。當他的女友，有時候會挺沒安全感的，當朋友可以體諒「明天太陽總是會升起」，但沒有女人喜歡這種「我倆沒有明天」的不確定感，沒人知道射手座下一步會往哪裡走，會把感情帶到哪裡去。很少女人可以忍受把愛情問題先擱著，尤其，射手座根本不認為那些是問題！

看吧，射手男一點都不變態，但他們可愛的背後，絕對要有一個更變態的偉大女人，不是比他更「口腦分離」，就是要有顆時時刻刻準備收拾「拎腦失」的強壯心臟！

跟半獸人上床 —— 射手男

sm101010

　　射手座的人最好認了。如果一個人明明舉止優雅，卻常打翻杯子，明明穿著講究，卻常走路絆到，那很可能他的太陽或上昇就落在射手座。

　　射手座又稱人馬座，半身是人，半身是野獸。在神話中，射手座是由凱龍死後化成的，因此凱龍擅長的學問，舉凡天文、地理、音樂、法律，射手座都很感興趣。這種半人半獸的二元性非常惱人，當你覺得他是人的時候，他會顯現出野獸的那一面；當你覺得他是野獸，他又開始斯文起來，變成文明人。

　　此外，他們很可能是個Party Animal，上天下海衝浪滑雪什麼都玩，可是他們又喜歡哲學文學旅行法律經濟，光是四肢發達的活動滿足不了他們。所以，跟他們一起混的人，也得要有兩把刷子，而且要看準時機，別在他們變成野獸時跟他們講哲學法律，又不能在他們打算聊學問的時候，顯得腦袋空空。

射手座是那種三分鐘熱度的星座，但是跟牡羊座的衝動不同，牡羊座本質上是獵人，正在獵這頭鹿的時候，心裡已經在想下一頭牛了；射手座的本質則是旅人，不過他們可不是文化苦旅，而是嘻嘻哈哈邊走邊吃邊玩的美食大三通。儘管射手座距離天蠍座很近，個性卻完全不同。

　　射手座是最後一個火象星座，基本上所有火象星座都好色，不過，射手座太像運動員，把上床當球賽，雖說是好色，也有層次上的差別。所以當我好色的天蠍座朋友碰上好色的射手座朋友，就發生了以下的慘劇。

　　一開始，射手座快手快腳地對天蠍座熱烈追求，讓天蠍座相信射手座的真心，而且射手座幽默風趣又博學多聞，也讓天蠍座迅速上了他的床。當天蠍座還陶醉在射手座床上衝鋒陷陣的威猛時，射手座已經自顧自達陣結束了；當天蠍座開始神經兮兮疑神疑鬼當偵探的時候，射手座已經覺得天蠍座控制慾太強，感到不耐煩；最慘的是分手後，天蠍座將這段戀情當作可歌可泣永不忘懷的愛情大悲劇，射手座早已忘了這回事。

　　射手座有個特點：動作快，跑得遠。甚至可以說，跑得太遠了點，讓人很受不了。他們不會停留在某處，要他在妳的背影守候比登天還難。妳還在那邊矜持時，他已經跑到了烏魯木齊。不過，至少射手座有個好處，當他們失戀時，身邊的朋友不會有壓力，根本連「天涯何處無芳草」都不必說，射手座已經瞄準好下一個對象出發了。對射手座而言，最美的戀情，永遠只存在遠方以及不可知的未來。

如何搞定射手男

1.有程度一點
射手座受到博學的木星守護，所以如果妳胸無點墨，至少得見過世面，要不然他對妳很快就會失去興趣了。

2.直接一點
雖然射手座有時直來直往得令人受不了，但他是説之以理、動之以情的正直人，要跟他們溝通，撒嬌耍賴是沒效的。

3.不拘小節一點
射手座腦袋總是擺在未來，大處著眼，小處……抱歉，他們有點遠視，小處看不太到，如果妳想跟他斤斤計較生活小細節，會活活被他氣死。

4.記性差一點
射手座的人對於瑣事的記性不好，如果妳吵架跟他翻舊帳，他一定擺出一副「我哪有做過這種事」的表情，翻個兩次之後，他鐵定不耐煩立刻走人。

5.保密防諜一點
射手座的人口風非常不緊，難保他們不會把床第之事拿出去到處講，不過還好，射手座都是君子，事前講好什麼事情不能拿出去講，他們多半都會「努力」守住口風。不過，説溜了嘴的不在此限，而射手座，經常會説溜嘴……

苦悶石頭摩羯男

鳥來伯

摩羯男，是無感愛情與無感性愛的悶鍋石頭公。

鳥來伯的初戀情人是摩羯男，要我形容的話，那老爹的顏色一定是灰色的。他不老喔，但卻是要死不活、心如死水的歐吉桑。

摩羯男周遭總有一股迷霧籠罩般的疏離感，要追女生也不夠足勁，不肯表態，只會一直打電話約出來幹嘛幹嘛的，或者給妳一些公家單位逢年過節送員工的月曆、小書架、檯燈等等讓人一打開就想上網賣掉但又怕流標的遜炮禮物。我還真的搞不清楚摩羯男到底心裡在想啥，一句「我喜歡妳」也沒說過，反正後來就不知不覺地在一起了，沒有什麼花前月下的誓言，石頭老爹心中的OS應該是：「我想跟妳在一起，妳是我的就對了，不用多說。」

在當時渴望浪漫愛情的白癡年紀裡，遇到摩羯男這種怪老爹，鳥來伯心裡總會有點遺憾與無力，沒聽到「我愛妳」就覺得不完整、沒安全感，人家就是想聽咩。但摩羯男就跟風乾大便一樣又硬又

臭，怎樣跟他撒嬌，他不說就是不說。還不能逼哩，逼急了，他會冷冷地：「說說說，難道我對妳做得不夠多嗎？一直要我說！」兇我咧，人家只不過想聽一下溫柔的話而已，怎這樣也被認為不體貼呢？好像說個「我愛妳」像跟老爹要零用錢一樣，占用了他大人寶貴的時間，對不起喔老爹，您忙先！

也不能說摩羯男不愛妳，情人該做的他都會加減做，只是嘴巴廢了，不會說點讓女生開心的話，寧可寫信寫卡片傳簡訊，讓說出來的情話有「證據」留下來，他堅信「做出來，看得到，才是真的。」摩羯男最窩心的一點是，他會把情人寫的情書卡片甚至電影票根，好好地保存在小盒子裡，當他想念情人時，不見得會打電話，倒是會去翻翻那小盒子，有點病態。

久久沒見面，也好像不會想念一樣，偶爾約會也感覺不到他的興奮，跟木頭一樣呆在那邊納涼，「不會趕快來親一下喔，阿呆！」烏來伯心裡直拉鋸送鋸地抱怨著，每次都是我一個人在那邊窮開心地抖個半天。

摩羯男平日怎樣，做愛也就怎樣。不是說性能力不強，他性慾高漲的速度其實很快，稍微撩一撩就會直挺挺，但說到技巧就乏善可陳，只有基本款而已，不會搞一些新花招來讓我樂樂，只用傳教士跟坐姿式撐全場。他也不喜歡開燈或點蠟燭，我們像兩個工人在不見天日、烏漆抹黑的集中營裡悶幹，一點都不浪漫。回想起來還挺傷感的，摩羯男在床上乏味到幾近懶惰，原來我的性啟蒙竟是跟這樣的老爹靈魂廝混，跟現在吃重鹹的情形果真有天壤之別。

與摩羯男做愛沮喪洩氣的另一個原因是，他們臉上不會有任何情緒牽動，不管搞哪種「交」，他的臉就是結屎鬱屎再悶屎，像是警

探思考什麼重大刑案一樣。不過就是做愛，他也要苦一張死人臉。就算高潮了，也不像其他男人會像野獸一樣高聲叫喊出來，反而像魚刺梗到喉嚨一樣，悶著頭叫個兩聲「呃……啊……」，然後就垮到我身上。分不清老爹到底是爽快還是失落，只好拍拍肩膀問他：「欸，射了喔？」老爹緩慢地點點頭，跟失憶男人般下床沖洗，回頭冷靜地抽煙，繼續閱讀《快樂人生觀》、《活出另類人生》這類勵志書，彷彿剛剛沒發生啥事，說硬漢是硬漢，但當時還真的很想給他灌瀉藥，看他還能不能繼續MAN下去！

跟摩羯男在一起，讓鳥來伯發奮學習不少性技倆，因為摩羯男實在太太太難取悅了，不管用啥奇招，得到的回應都只有一點點。什麼叫做「死魚」你知道吧？什麼做「做愛後，動物感冒」你知道吧？做愛前，都要我陪他看俄國苦情導演塔可夫斯基的電影DVD，你說會高潮才有鬼！

女人當然希望性愛時彼此都能不顧一切地崩潰，熱騰騰弄到快死掉最好；但摩羯男每次都是最快游上岸的，一射精就立刻拔掉套子，好像等一下有什麼要緊事趕著去完成。他就跟犧牲奮鬥的革命烈士一樣，號角響起前，為了繁衍後代才跟女人「來一下」，做愛時還心事重重地想著國家大事。

身為女人，沒見到男人為妳著火、為妳瘋狂，還真的會懷疑自己的性魅力。有時摩羯男還寧可忍住不射，非得自己打手槍才射，變態吧！這也讓鳥來伯不禁懷疑，他的聖人老二是不是機器做的？怎一點人性都沒有？太理智了吧？說關水壩就關水壩，嚴格自律，像是孵化「舍利子」的苦行修道人，彷彿抽送得太激烈、太淫亂會被雷劈。但是這種男人，卻意外地能讓女人死心塌地愛著、依附著，

因為，女人只要能撩撥起他一點點的激情，她的成就感與滿足感就會超大，鑽研性技巧的上進心也愈來愈強，養兵三日，就等革命家回鄉時用力撲倒他。

你會問我，為何摩羯男這麼討厭，我還要這麼受苦？因為他的沉穩是戀父情結的女孩所青睞的，戀愛雖然無聊到讓人齒軟，但他們深刻的感情，會在多年後讓舊情人低迴不已。

他們的父兄氣息特重，不太會主動關心，但一連絡上就會展現天長地久的家人情懷，見面也不會跟妳五四三，反倒是跟老爹一樣叮嚀，要前女友注意這注意那，永遠是批評代替關心，提醒代替讚美。然後，還是那張面無表情的臉：「妳愛聽不聽隨便妳，反正老子有講就對了！」不動如山如硬糞，要當他的情人得先變成乾燥花，因為摩羯男是不會用甜言蜜語灌溉愛情的！

與做人、做愛都壓抑的摩羯男老爹談戀愛，在一起不見得快樂，但分手一定想念。

跟苦行僧上床——摩羯男

sm 101010

　　摩羯座從小就是小大人，還不是那種可愛的小大人，而是那種老氣橫秋看了就討厭的小大人，所以從小只有責任，沒什麼人疼愛他，以致於他們長大後，認為一切溫柔的愛都是假的，只有權力是真的，想當然耳會變成工作狂。但是賣力工作是為了獲得權力，並非享受工作中的樂趣。

　　很多星座不特別愛婚姻，比如牡羊、寶瓶。摩羯座算是一個會願意結婚的星座，但摩羯座的戀愛與結婚，都是基於義務，為了要成家立業，而不是為了愛或享受。他們覺得婚姻是人生必須去爬的坡，必須去扛的責任，所以也滿淒涼的。

　　摩羯男有個特點：年紀越小的摩羯越不可愛，越老的摩羯反而越有魅力。我有個摩羯座朋友（當然，他是個工作狂），有一次他總算在禮拜六晚上加完班後，抽出時間跟女友約會，當兩人吃完晚飯，準備一起看電影的時候，摩羯男忽然説：「這部電影三小時？

太浪費時間了，妳自己先看，我回辦公室處理公務，等一下妳自己回家。喏，計程車錢先給妳。」

摩羯座對於「責任」兩字特別感興趣。他們認為，男人沒有事業就稱不上男人，所以格外打拚事業，別人老大徒傷悲，他們則是老來俏。花了這麼多時間精力衝刺事業，沒有理由老來事業不成功，他們篤信「權力是最好的春藥」，既然掌了權，到一定的年紀、地位之後，當然會春到不行囉。

摩羯男凡事相信一步一腳印，連愛情也一樣。我這摩羯座朋友的初戀，是跟一個千金小姐短暫交往，他自己愛得刻骨銘心死去活來，對方根本沒感覺到，然後當然很痛苦地分開了。

分手後，對方繼續嘻嘻哈哈快樂交新男友，摩羯男卻死鴨子嘴硬，說早就忘記她，其實不然。他一天到晚去對方的網站打探對方的動態，而且，開始立定志向努力賺錢，想要跟對方門當戶對，結果搞得身體健康一團糟。

他還出乎大家意料之外，偷偷鍛鍊不為人知的房中術──別以為只有天蠍男才會這樣，越老越春的摩羯男也會幹這檔事。不過，人家天蠍男是越練越開心，我這摩羯座朋友，練拉筋、練耐久，把自己搞得苦兮兮，活像參加戰鬥營。

我不禁要想，也不過就是上個床罷了，有必要搞得這麼累嗎？

如何搞定摩羯男

1.有質感一點

摩羯座最熱愛名牌，如果妳愛上摩羯男，就得讓自己變成名牌。不過，不是說裝可愛不行，即使妳要裝可愛，也得裝成像Hello Kitty這種名牌的可愛才行。

2.穩一點

如果妳打算以結婚為前提交往，那非找摩羯男不可。壞消息是就算要成家，也得先立業再說；好消息是，只要立了業，他們一定要成家。

3.老萊子一點

跟老扣扣的摩羯男交往，他其實不反對妳綵衣娛親一番，可是要他老人家對妳甜言蜜語，就太折騰他了，千萬別抱這種不切實際的期望。

4.崇拜他一點

要抓住摩羯男，就得多多崇拜他。摩羯男跟獅子男不同，獅子男愛出鋒頭，而摩羯男整天想的是光宗耀祖，所以拍馬屁，也別忘了其中的不同。

5.阿信一點

摩羯男年輕時只愛打拚不愛談戀愛，如果妳打算學阿信，先唱：「永遠相信遠方，永遠相信夢想，走在風中雨中都將心中燭火點亮。」那麼，等到他功成名就時，妳就可以高唱：「感恩的心，感謝有你。」順利地當個貴婦了。

竹林七賢寶瓶男

鳥來伯

身為寶瓶女，對寶瓶男總有一種特殊的情感。所以今天就來多說一點「冷感至尊」寶瓶男的壞話。

跟寶瓶男當普通朋友很好，他不是靠喇腦漿賽來搏感情的，朋友有樂，他們不見得會參與，但是有難，寶瓶男一定貢獻腦力與心力。他會先酸你幾句，但諷刺歸諷刺，還是會幫妳出奇招；沒錢，視金錢為無物的他，會先把自己的錢全散給妳；他不是濫好人也打死不熱血，說是救世主不如說是竹林七賢，很愛清談的那種！而且，當他認定你是跟他同一種氣味的人，你就會被納進他的圈圈裡，死信死挺，其餘的人通通疏離。

寶瓶男的無性別主義非常明顯，不把男人當男人，不把女人當女人，通通一視同仁。所以，跟寶瓶男當情侶，就苦哈哈了，你想嘛，哪個女人可能忍受自己男友一天到晚去當人家的輔導老師？一天到晚當環保局去收人家的臭垃圾？而且寶瓶男寧可跟朋友談國事

搞博愛，耐心聽朋友說心事，冷靜替別人分析，卻很少願意多花一點心思膩在情人身上，反正就把女友「追起來放著」，然後繼續在竹林裡樂逍遙。

女友也不能說他無感，因為以前當朋友時還挺熱絡的，話也可以亂說，只是，一旦由「朋友」升格為「戀人」時，就好像開關一樣，「啪！」一下地位就從雲端被踢下來，女友要是一天到晚想搞鶯鶯燕燕花前月下的愛情模式，例如傳溫馨小簡訊、打激情電話、說句「我愛你」……這些火熱的愛，對寶瓶男是非常無效的。他似乎無熱戀期，他的頭腦只花在「非感性」的部分。

也就是說，女友問竹林七賢「存在主義」會比問「你喜歡我穿哪一種顏色的吊襪帶？」還能讓他興奮；跟竹林七賢討論「形上學」的狗屁聖言理論，比「今晚去哪一家汽車旅館？」還讓他更愛妳。最笨的女友就是穿著性感睡衣拚老命挑逗，還一直抱怨他怎麼都不熱情回應。

要知道，寶瓶男聽到這種事，他才不會生氣也不會反駁，反而會用那冷冷的死相，很認真地跟女友分析「何謂熱情？」、「人的『熱情』是從大腦的哪一個區塊的哪裡來？」妳若不識相，還繼續盧他說「我愛妳」，他也會去解構「人類說出『我愛你』時，是基於何種因素？」這……這……非人類嘛！完全是用科學分析著感性，還講得津津有味，女友聽了卻瞬間陰道乾枯。

竹林七賢寶瓶男認為女人最性感的是頭腦，不是那些甜言蜜語。我有個女性朋友，當很辣的她穿著精挑細選的情趣內衣，大跳情趣舞時，她的寶瓶男友不但沒有勃起，更沒有撲上來，「靠！他是陽萎了還是怎樣？」他跟老僧入定一樣，與她討論社會的情趣文化與

情趣商品之發展，「天殺的！我就穿著那種露奶頭的、頭上有兔寶寶髮圈的玩意兒，跟那白癡在那邊清談，我乾了我！」她很委屈地抱怨著。後來呢，她索性想「老娘跟你拚了，要談是吧，大家一起來吠啊！」研究過「女性主義」的她，開始滔滔不絕地說起男女在床上的宰制議題，沒想到她越表達意見，寶瓶男就越興奮，最後色色地補做了好幾回。她回想起來，跟寶瓶男做愛還得發表論文，實在有夠解啦！

心血來潮時，寶瓶男會突然想感覺一下什麼姿勢或情境，而異常熱切。以前，我的寶瓶座男友很愛不按牌理出牌，走在路上就突然彎進去路上一家看起來很厲害的LOVE HOTEL。他是真的想「上樓去看看」，然後看完後會突然想「啊！既然來了，不然做一下好了。」你看，就這樣很「不然就……乾脆就……」地做愛，一點都沒情趣！因為，寶瓶男的重點不在性愛，而是在滿足好奇心。他只是想知道在不同地點做愛到底有啥差別。

有時候，竹林七賢做愛時，內心就好像有一台念佛機，在偷偷朗誦一樣，平靜無波得有點可怕，好像一直在觀察女友性愛時的樣子。做愛後，也很像婦產科醫生問診：「剛剛那姿勢，有頂到子宮頸嗎？」、「深入骨盆腔後，陰道會起共振作用嗎？」哇咧，先生你做實驗喔？子宮頸在哪裡我哪知？人家骨盆腔都是肥肉啦！完事後女人只想被抱一下，聽點有人性的話，怎麼這麼難啊？到底要腦子被愛？還是身子被愛呢？

竹林七賢的性愛很慘白，雖然該做的姿勢不會少，但因為他沒耐心，加上容易性愛分離、分心冷掉，不是猛衝想達陣，冷冷地猛猛地幹個不完，然後……結束！要不然就是做愛前聊開了，聊個

沒完，只好趕快做做，回頭繼續話題，結果做也沒好好做！當他的女友，做愛感覺真的不輸啃樹根，「討厭，尬一隻狗都比尬他好玩！」但是，竹林七賢是「很愛妳」才能這樣；他認定了妳，才能與妳性愛後暢所欲言。

其實寶瓶男真的很賤，對方越奇怪，他越想弄清楚；對方如果不夠強又愛現，他就會打從心底厭惡。「怎麼？就這點能耐？」他們眼睛長在天上的，比人道主義更跩，很容易瞧不起別人，他們一旦看穿就膩了，馬上走人。被竹林七賢愛上就是憂喜參半，一部分是他認可妳的個性和內涵某些特質，一方面也就表示妳得開始去習慣他那冷冷的愛。

如果妳沒有大愛，千萬別愛上寶瓶座，不然竹林七賢的那些邊緣風骨，在妳眼裡最後都會變成天大狗屁！

跟外星人上床 —— 寶瓶男

sm 1 0 1 0 1 0

　　寶瓶座是個有意思的星座。他前衛、冷漠又疏離。他想的事情絕對領先現在的潮流，可是要他去做革命家、反對黨，他又覺得折了他的身段（革命是牡羊座會做的事情）。所以，寶瓶座可能會出現兩種形象，一種寶瓶找到了自己的方向，他可以接受自己高處不勝寒的蹩樣子，只做自己想做的事情，雖然別人搞不清楚他的目標（事實上，他的目標也經常改變），但是他還是會堅持理想，不顧世俗眼光。

　　另一種寶瓶座比較麻煩，他沒有找到自己真正的目標，卻依舊端起這種酸腐的臭架子，搞得自己很辛苦，也不知道人生意義在哪裡。所以，寶瓶座，說好聽是前衛，說不好聽就是犬儒。

　　寶瓶們很容易感到寂寞，可是，跟他在一起的枕邊人更寂寞。要說跟寶瓶座上床，不如先說被寶瓶座踢下床。寶瓶座自恃高人一等，根本不屑跟你們這些地球人為伍，他們喜歡研究學問，不是為

了與人群接觸，而是為了脫離人群。最麻煩的是，他們如果認定了你的思想不夠前衛，連談都懶得談，直接把你打入冷宮。

大家仔細看一下寶瓶座的神話（請見第212頁），宙斯因為看到甘尼米德俊美，一時衝動就把他叼上了山，這樣的描述是不是頗令人想入非非？在性愛方面，寶瓶非常精彩——太陽寶瓶心態開放，火星寶瓶勇於嘗新。因此，很多占星書上會告訴大家寶瓶們是同性戀、雙性戀與各種特殊性愛或奇特婚姻模式的重度使用者。

不過，寶瓶座的狂放性愛和戀父、戀母情結無關，純粹是因為好奇。寶瓶們最不愛傳統，所以凡是稀奇古怪的，他們都躍躍欲試。寶瓶有個好處，就是他們對於前衛的事情抱持開放態度，尤其是火星寶瓶，他們認為床上任何事情都沒什麼大不了的，即使他們不玩，也絕對不會說什麼：「啊！好噁心！」這類的話。

或許講到床上工夫，大家就會聯想到天蠍座，但是這兩個星座對性的態度有著本質上的差異。天蠍座玩這些特殊玩法，是為了實踐征服慾的心理需求；而寶瓶座玩特殊遊戲，是因為「咦？這我沒玩過，那我要玩玩看！」可是，等他玩過了，他就沒興趣了。

我有個寶瓶好友就是這樣，他在好幾年前架設一個制服癖網站，很多寶瓶座對於網路特別拿手，因此短短時間就累積了很高人氣。寶瓶就是這樣起步早、跑得遠，很容易在某些圈子內成為有名的達人，成為許多人詢問的對象，問題是當他以制服癖成名的時候，他早就對此道沒興趣，轉玩其他的戀足癖、綑綁、愉虐等等。何況寶瓶們最厭惡世俗的封號，封他為達人真是馬屁拍到馬腿上。

寶瓶的好奇心是一種冷冷的好奇。有些星座專家會說，寶瓶座愛一夜情，但是不好色。剛剛提到的寶瓶性愛達人的另一半有一次跟

我訴苦，別人都以為他跟達人在一起，想必性生活天天波濤洶湧，精彩萬分，但是，寶瓶座永遠理論領先實踐，就算是實踐，玩過一次就算了。寶瓶座的另一半雖然受到眾人羨慕，可是每天獨守空閨，底下蜘蛛網結得一層又一層，說出去還沒人信，真是慘啊！

Tips

如何搞定寶瓶男

1.前衛一點

寶瓶座挺愛搞怪，如果妳期望愛上他還能夠兄友弟恭父慈子孝就是做夢，如果妳無法欣賞他們離經叛道的精神，最好趕快分手。

2.耐煩一點

寶瓶們很愛問「為什麼」。走路要靠右邊，「為什麼？」，吃飯不要發出聲音，「為什麼？」。不耐煩的人，大概撐不過三天就分了。

3.跳一點

如果說，跟射手座交往要學會「跑」，那麼跟寶瓶座交往就得學會「跳」。寶瓶座是不可能被套牢的星座，所以妳根本別想馴服他，唯一的辦法就是跟著他，「You jump, I jump.」妳會發現，如果心臟夠強，跳來跳去生活還真有趣。

4.疏離一點

寶瓶座最怕黏答答，如果妳想整天黏著他，他肯定立刻被妳嚇跑——但是，欲擒故縱這招對他也沒用，因為縱著縱著，他就不知縱到哪個星球去了。

5.網路用多一點

既然黏也不行,縱也不行,到底要怎樣抓住寶瓶的心?首先,要有志同道合的興趣,寶瓶永遠對同道比對情人好;而且,多用用網路吧,網路有點黏又看不到人的方式,最對寶瓶的胃口。

我都可以雙魚男

鳥來伯

該怎樣說這個稀如泥，軟如便的雙魚男呢？

鳥來伯沒啥雙魚男的好朋友，大概是因為我喜歡「硬漢」型的男人，碰到軟趴趴的雙魚男，除了後空翻之外，別無他法。我老爹正是「沒主見第一名」的雙魚座，他最有主見的時候，是編「鬼故事」。

所謂「鬼故事」不是怪力亂神那種，而是小事化大事，硬把很簡單的事情搞得很複雜……例如，我娘出去逛街，只不過逛個半天而已，一般的丈夫大概就自己去做自己的事了，但雙魚男老爸不會，他會坐在那邊一直想：「阮某是不是遇到誰了？她去幹什麼呢？還是說阮某在路上被搶、手機被偷了嗎？她是不是去照顧外面的小孩？背著我偷人嗎？伊怎麼可以這樣？我得冷靜一點，好，冷靜……如果那小孩出現在我面前，我真的可以接納伊母子嗎……還是阮某只是覬覦我的錢，才跟我在一起的……」你看，就這樣，自

己嚇自己，橫生奇妙幻覺，每次聽我爸在那邊說他的「愛麗絲夢遊仙境」，都覺得我爸不知是見到鬼，還是剛呼完麻！因為我娘根本哪裡也沒去，我爹那劇本編得未免也太誇張太芭樂了吧，尤其他那斬釘截鐵的樣子，「就是那個了，一定是！」真的好入戲！

烏來伯從小就活在雙魚老爸的「妳媽可能一買菜就離家出走去奶別人的孩子、哥哥可能一翹課就在混幫派、妹妹淪為數次墮胎的可憐風塵女……」這種三立台灣台之親情倫理大悲劇路線的幻想裡，煩不勝煩。雙魚老爸數十年如一日，嚇人嚇己，常衍伸出一種「我好可憐唷，我好悲哀耶！但只你們快樂，我都可以忍下來。」、「我這麼拚命賺錢為這個家，為何家人會這樣對不起我？他們為何這樣看不起我？」等等自甘墮落的想法。

加上我老爸又是么男，么男情懷總是屎，很喜歡打電話給在外地工作的兒女裝可憐訴苦分享心酸。「我最近這裡痛，那裡也痛，妳媽都不給我錢看病。但是算了，不管怎樣，爸都可以熬過來的！」你說這慘不慘，淒不淒涼？我幻想著雙魚爸掛完電話，眼角流下一行清淚的鬼見愁樣！

這就是我認識的雙魚老爸。不過，其他朋友有雙魚男友的，好像也都跳不出這種「黏呼呼」的特性。雙魚男很知道女人要的就是溫柔，他們甚至會幫女友卸妝、剪腳趾甲、有時候女友半夜上廁所大號，欸，大號喔，他也想拿把小凳子坐在旁邊陪她聊天，不為什麼，只因為「我想時時刻刻看到妳」。讓女生聽了就融化在馬桶上！

他們對女孩子非常有一套，不過是那種沒肩膀要死要死的體貼，總是「妳說啥我都好，我都可以！」讓人以為雙魚座真是好好先

生，其實根本就是把問題丟給女人去決定，心裡想著：「妳決定就好，我都可以，不要問我，我不想負責，我不知道，我不會。」但他們事後又會感傷這感傷那，搞得情人根本不知道他要啥。

在床上也是，女人幫雙魚男愛撫，這樣也爽，那樣也HIGH。女人終於忍不住要問了：

「寶貝，我該怎樣做，你會『比較』舒服呢？用嘴巴還是用手？」

「我都可以！」

「拜託你要告訴我，你哪一種比較喜歡啊？」

「我也不知道耶，都可以，我都好。」

「唉唷，人家要知道你比較容易高潮的是用手還是嘴巴嘛？」

「我想想，我都可以耶，喔！我高潮了我高潮了……」

「……」

各位，你說他女友無言不無言？「都可以？都可以是怎樣啦？你說啊！你說啊你！」他到底怎樣才會高潮？不知道，做十年都不知道！不過雙魚男在床上很會討女人歡心，女人不喜歡的招式他們一定不硬來，算是好溝通的床伴；只是稍嫌溫馴，轉速過慢，只會慢條斯理地滑動，如老牛拖車地慢慢抽送，讓喜歡重口味的女人常常會打瞌睡，不禁在心裡狂喊：「吼！拜託你快一點好不好！」

雙魚男喜歡在慢動作裡觀察女生的反應，疏不知，女人有時希望男人猛如禽獸，慢吞吞的棉花糖做愛法，很容易讓女人一不小心就晃神了。一回神，「唉唷，我還在做愛耶！」好不容易高潮了，雙魚男會感動飆淚，淚水與精液齊飛，好像被欺負的民女，百感交集，要哭不哭，捂著被單一直想聊天；有時甚至沒射精卻狂噴眼

淚，淚比精還旺盛！

很多雙魚男的女友都說，他們是正字標記的劈腿大王，比起雙子男，雙魚男的劈腿更增添不少傳奇性。他們戀愛常是爛頭爛尾，不知道怎樣開始，不知該如何結束，問他談過多少戀愛，他們總是很難回答，因為很多時間都DOUBLE到，還有那種被抓姦在床，卻迷濛地回答女友：「我不知道我有劈腿耶！我不知道啊，我不知道！」女人要跟雙魚男分手，他還死不肯咧，「妳要分手，我都可以，但我不知道我哪裡犯錯了！天啊我哪裡錯了？」死纏爛打一定要女人回頭。

因為平常「好好先生」的形象已根深蒂固，所以周圍朋友都會勸雙魚男的女友再給他一次機會。一而再，再而三，雙魚男就不斷打爛仗，露水姻緣從開始不乾淨，到分手也不乾淨，這可以那也可以，不惜演出呼天搶地戲碼：「妳們要怎樣處罰我，我都可以。但不要離開我，不要！不要！」搞得所有周圍的人，甚至包括偷吃對象，偷吃對象的爸爸媽媽叔叔嬸嬸都得出面收爛攤子。

等到大家都來關心雙魚男，他又會把場面搞得整個是稀大便，每人都沾了一身，每種大便他都要吃，但又要哭說「大便難吃」，再丟給大家吃，人家幫他把大便清乾淨了，過一陣子雙魚男又會自己去找大便嗑。

「我都可以」是雙魚座「軟軟地硬」的方式，他們總可以在稀如泥，軟如便的關係中漁翁得利，那無辜欠扁的夢幻擺尾，絕對讓愛過痛過的女人難以忘懷！

跟夢遊者上床 ── 雙魚男

sm 1 0 1 0 1 0

　　雙魚座是個非常陰柔的星座，不管男女，雙魚座的人一定給人一種陰柔的感覺，他們可以當情歌聖手，卻很難變成螢幕硬漢。雙魚座的人很朦朧，另一半永遠摸不清他們。這跟神祕的天蠍座不同，天蠍座是刻意把自己搞得神祕兮兮，不讓對方徹底了解他；雙魚座則是「魂不附體」，在某種程度上而言，連自己也搞不懂自己。

　　雙魚座永遠用迷濛的眼光看著遠方，這對另一半十分麻煩。因為眼光看得太遠了，以致於走路經常跌倒。所以，雙魚座是生活白癡，如果對生活精明如處女座的人，很容易被雙魚逼瘋。而且，更討厭的是，雙魚座永遠不滿足，他們很博愛，可是愛了等於沒有愛，做了等於沒有做。

　　拿高潮這件事來說吧，你永遠搞不清楚他們高潮了沒。我這麼比一比大家就明白了，牡羊座的高潮是「爽！老子征服了！」，處女座的高潮是「好了，總算完事了，快滾，我要洗床單了。」可是雙

魚座高潮之後，好像魂飛天外，你根本不知道他到底爽到了沒。總有人想測試到底他們爽到了沒，或許連他們自己也很想知道，因為這種不滿足，也讓他們迷迷糊糊上了許多床。

無可否認的，雙魚座是最有魅力的星座之一，星座神話之中，這兩條魚可是掌管愛慾的阿芙羅黛蒂與艾羅斯，撇開神話的隱喻不說，與其說雙魚座富有藝術氣息，不如說他們散發了人我不分的能量，讓人特別想要把他們握在手中，與他們合而為一。不過，越想握住雙魚座，就越觸摸不到雙魚，彷彿墜入一團迷霧。

雙魚打完爛帳，整個徹底搞爛之後，人就……不見了。以致於所有周圍的人都得出面收爛攤子。我這邊有個雙魚男慘案，說出來以供警世。

我有個朋友交了雙魚男朋友，他們從交往開始，就充滿了雙魚座朦朧的氣息。他們在朋友的生日KTV派對裡認識，大家興高采烈喝了幾杯酒，都有些醉意，包廂裡面的廁所有人用，雙魚男決定去用外面的廁所，誰知道迷糊又路痴的他，出了門就迷了路，找不到原來的包廂，大家只好派我朋友出去找，果然在另一側的走廊找到雙魚男，原來他上完廁所就轉錯方向，還跑錯包廂！

我的朋友拯救了雙魚男，當晚送雙魚男回家，順便上了床，也開始交往。兩人外貌相稱，又有許多共同的朋友，一副金童玉女的模樣羨煞旁人。交往兩、三年，一直都是朋友中的模範情侶，直到有一年聖誕節。我這朋友從事表演工作，聖誕節通常是她最忙碌的時間，從聖誕節前一個月就天天排練、演出，直到聖誕節晚上演出結束，拎著大包小包行頭回到家裡，總算喘口氣，打開電腦，卻發現雙魚男寄給她的分手信！

原來雙魚男在半年前跟別人一夜情，結果變成了多夜情，最後愛上對方。雙魚男每次想到這個問題就巴不得逃走，又拖了半年，直到聖誕節，想到跟新歡不管到哪裡都有紙包不住火的危險，又不敢當面（甚至打電話）告訴我朋友變心的消息，竟然就寫了一封E-MAIL分手信，當作有了交代。於是我那可憐的朋友，在普世歡騰的聖誕夜，精疲力竭地為大家製造完歡樂回到家收到信，並且花了整個晚上咒罵雙魚男下地獄。

Tips

如何搞定雙魚男

1.能幹一點
雙魚男雖然有夢想，卻是十足的生活白癡，所以如果妳想跟他在一起，不管是認路開車或剛油漆修水電，恐怕妳都得自己包辦，別指望他幫忙。

2.鬆一點
雙魚男天生就是一條在水中悠游的魚，硬把他抓在手中，他立刻會表演靈魂出竅來氣死妳，所以跟雙魚男交往，得學會鬆的藝術。

3.緊一點
如果不適度地看緊雙魚男，他就會跟廢人磁鐵一般，吸收一堆廢人第三者、第四者黏著，搞出一堆紕漏。

4.堅強一點
雙魚是個多愁善感的星座，他們其實很依賴另一半的強健肩膀，讓他

們得以在人世間活下去，妳會是那個堅強的肩膀嗎？

5.虛無一點

對付雙魚男，太緊也不行，太鬆也不行；太強也不行，太弱也不行；
戀愛，談了等於沒談，做愛，做了等於沒做。跟雙魚男在一起，妳得
學會什麼叫做虛無。

第二部 | 性女十二星座

女人，真的很麻煩

　　很多男生都覺得女人是表裡不一的動物，這是因為很多女人外表看來是一回事，可是內心想的卻是另外一回事，女人心裡在想什麼，得要參考她的月亮星座。光知道女人的太陽星座，除非這女人的太陽跟月亮落在同一個星座（這機率相當低，大約是十二分之一），要不然光看女人的太陽就打算對症下藥，當然會覺得女人怎麼變成雙面人。

　　月亮代表了一個人的安全感所在，月亮是從母親那一方而來的遺傳，而母親又遺傳自她的母親，以及母親的母親，一直追溯至世界上第一個女性，對於女性而言自然也格外重要。

　　所以本篇加了月亮星座的說明，男性讀者不妨看一下女生的太陽與月亮能量分別展現在哪些不同的地方，女性讀者則可以透過這些觀點，了解自己外在與內在的不同想法。

──sm101010

老娘硬要牡羊女

鳥來伯

　　十二星座裡，最有WOMAN POWER的，當屬以蠻力行走江湖的正港豪放牡羊女！

　　我有個豪氣萬千手帕交，就是活脫脫的太陽、月亮、上升都在牡羊座的超級牡羊女。與她出去吃喝玩樂，整個人也跟著精力充沛，因為她身上無時無刻都有鬼上身的活力。她決定活動的速度超快，馬上想好等一下的行程，不像一般女生拖拖拉拉，「該去百貨公司專櫃呢？還是先按摩呢？」這種朝三暮四，拖泥帶水的想法，牡羊女打死不幹。

　　鳥來伯是月亮在天平座的擺蕩女，去哪？吃啥？做啥？都像要拿著小手帕似地在手指上繞來繞去想半天，每次跟牡羊女出門，就會被她大力丸的氣魄念個半天。

　　例如，吃飯前幾天，牡羊女早已經看好某家餐廳的網路菜單，還用MSN傳給我選。一進餐廳，還在等服務生帶位時，她已經飛撲

到櫃檯說：「小姐，可以點餐了，我要一客招牌A餐，副餐冰咖啡不加糖。」月亮天平鳥來伯則是入座後，菜單翻來看去，每個都想吃，也每個都不想吃。

「拜託，妳到底要吃啥？快點好不好！」牡羊女醞釀發飆中。

「等一下，我還在看咩……」

過五秒鐘，五秒鐘而已喔！

「欸，會不會太久？廚師妳御用的喔？整間店等妳做菜喔？」

「好啦，等一下，我再看一下……」我覺得身邊的她彷彿正強忍住拿刀叉刺我頭殼的衝動。

「多早之前就跟妳說要來這裡了，就隨便點一個啊，讓人家小姐在這邊等幹啥？」

「小姐，妳們上菜會很慢嗎？會嗎？多慢？要十分鐘嗎？」她的催餐速度與問話語氣總是咄咄逼人，讓店家充分感覺到這位老娘肚子餓了，並殺氣騰騰，如果我們這桌菜不快點上，她應該就會點火把桌布燒起來吧。敗她所賜，每次上菜速度都超快。

我雖然很想提醒她：「這是法國菜，妳是想多快啊妳？去吃路邊攤好了！」但她老娘「就是硬要」的急促火輪功，常讓鳥來伯噤若寒蟬！

雖然牡羊女沒啥耐心，但我真的很欣賞她會把內心的需求劈哩啪啦地說出來的直爽性格。拉這種女生一起去逛街，就很中用，當店家舌燦蓮花地說衣服多好多好，穿在我身上是多麼美艷動人時，牡羊女只需要看一眼，就會挑明地說：「這件零分，妳本來就沒屁股，穿這件妳下半身都不見了！」、「OUT！自曝其短！」、「放手！那種包包妳有一百個了！」、「戲子嗎？衣服穿到死都穿不

完，要我燒給妳嗎？」等等惡毒芭樂的話，但非常中肯切實，讓正在挑東西的我心頭一驚，隨即被牡羊女拖出人潮洶湧的服裝店。

但換成她自己就不一樣了，牡羊女是出了名的賭氣血拼女，你越不讓她買，她越要買：「老娘就是要買！就是要！」我有十條命都阻止不了。她又超愛面子，千萬不能說她穿起來不好看，越是說「妳穿這件怪怪的」，她越說「怪才是特等王道！」就三件一千給它咬舌殺下去！她們平時很豪邁，不太斤斤計較五十、一百；不過遇到要殺價，就是賭一口氣，要殺到殘，殺到破表！

她們死不要臉的殺功，連面子都可丟到地上不要的，到最後「已經不是金錢問題，而是一種姿態跟氣魄，懂吧？」，牡羊女眼睛裡燃起張獻忠「七殺碑」的那七個「殺殺殺殺殺殺殺」字，人無一德以報天，看得鳥來伯也想幫路邊攤老闆燒香了。不過，牡羊女常常笨笨地，忘記錢到底帶得夠不夠，翻一下皮夾發現，該死，現金不夠！迅速轉身去提款機提款，臨走前還不忘惡狠狠地跟老闆說：「等我！我馬上回來，等我喔，別跑！」衝回來後，繼續以「老娘不能輸，老娘就是要！」的信念，殺得路邊攤老闆節節敗退，眼淚快被逼得從七孔噴出，一邊把衣服丟進塑膠袋，還一邊心不甘情不願地怨嘆：「吼！妳出去……不要跟人家說妳在我這邊買的啦……沒賺到，都沒賺妳啦！」

我聽牡羊女說床上祕事，實在佩服她的男人如果不是機殼金剛，就是有銅罩鐵丸。她在性愛上的躍馬中原氣度，是某些男人非常喜歡的，她的脫衣速度、衝動渴求與殺價沒兩樣，同樣秉持「老娘就是要！」的姿態，都源自於她們潛在的大女人心態以及懶得等待的衝勁。

「愛了就要做一下啊，驗驗貨，才知道要不要繼續！」因為牡羊女愛征服，更喜歡被強者征服，雖然不「以性取人」，但「性」常常是走在「愛」前面，碰到性慾或技巧不夠強的男人，她們會不由分說地分手。

不過，遜腳男人若有進步空間，牡羊女會秉著「某大姊」的心態，澤被四海，用心教導。例如第一次搞半天切不到重點，牡羊女會拍拍他肩膀說：「下來，下來！」然後翻身上陣，扳開男人的大腿，自己爬上去搖搖樂，邊搖邊教，一氣呵成，為人師婊。

對了，牡羊女非常熱愛「上位姿勢」，喜歡鬼吼鬼叫，管他媽媽嫁給誰地嘶喊，也不介意自慰給男人看，「把自己活生生地大膽暴露出來，是老娘對男人的獎賞與報酬！」男人愛死這一種想做愛就做愛的「性愛行動派」，比起一般三從四德的良家婦女，牡羊女奔放好玩多了！但做愛熱潮有時候太過火，也會把男人嚇死。

有一次，牡羊女的男友出國考察前夕，她想狠搞一場卻偏逢月事，但大姐大才不管三七二十一，就是要尬，要天火焚城，要他繳械，要燃燒他的火鳥！滾滾血崩也阻止不了她千軍萬馬衝向高潮的決心，你可想像那場面廝殺得多可怕，整個床也紅潮滾滾，跟命案現場差不多，潑灑直逼後現代藝術。她說男人看到那些血跡，不舉快半年，「久到我處女膜都長出來了哩！」

不同於一般做作女生的噁爛矜持，「老娘就是要這樣！」燒辣豪放牡羊女永遠做自己，永遠走在陣頭的最前端！

出征的女人 —— 牡羊女

sm101010

　　牡羊女大多不愛窩在家裡。過於強悍的牡羊女，在成長過程經常會受到家庭與學校的打壓，讓她們好動的天性無法像牡羊男那樣受到鼓勵進而自然發展。有些牡羊女為了反抗這股社會壓力，從小就很恰；有的牡羊女被環境再三打壓後，不得不暗自壓抑，長大後離開家庭進入職場才開始拿出女戰士的本能；有些牡羊女自己沒有辦法發揮牡羊本性，所以乾脆挑個牡羊型的老公，直接把自己嫁掉。

　　大部分的牡羊女覺得成天待在家裡孵豆芽太無趣，有空就往外跑，回家倒頭就睡，除非她的月亮落在一些較安靜的星座，否則對很多牡羊能量強的女生而言，家裡不過是個睡覺的地方，要叫她們燒菜、做家事是不可能的任務。她們會告訴你：「棉被幹嘛摺？睡覺還不是得攤開？」、「碗幹嘛洗？要用再洗不就好了？」

　　聽說朋友牡羊女住院之後，不得不把她養的貓送人。牡羊男與牡羊女的故事，請見「牡羊男」篇。現在要講的是住院前的前傳。

這兩個動物性強烈的男女，認識沒多久就進展到上床階段。我去過牡羊男家作客，他家是我見過最亂的屋子之一，老實說，他的單身公寓坪數算不小，卻到處都堆滿東西，讓人寸步難行。

可是，連這麼邋遢的牡羊男，都跟我抱怨牡羊女的髒亂。牡羊女家裡的牆上隨性貼了好幾張看起來像是夜市買來的八〇年代重金屬樂團海報、沙發上堆滿內衣內褲、電視前散落著電玩跟DVD、餐桌上全是帳單和長了不明物體的杯盤、門口還有一個大大的工具箱以及扔在工具箱外的螺絲起子等等物件，「對講機壞了，我想自己修，不過修到一半少了個零件，只好先暫停，喔，那是兩個月前的事了。」牡羊女這麼解釋。

反正牡羊男也不那麼注重家居的氣氛，儘管環境亂了些，關了燈都差不多——一般情況是這樣沒錯，不過牡羊女養了貓，還是長毛貓。牡羊女雖然美麗，衣著很光鮮，鞋架上的高跟鞋卻沾滿了貓毛，沙發上、床上也不例外。燈光調暗之後，他們兩人在沙發上熱吻、舔耳、互相撫摸，舔到兩人滿嘴都是貓毛，還得不時呸著舌頭把貓毛吐出來。還好兩人一路吻進浴室，至少沖掉了渾身貓毛。不過沖完澡，轉移陣地到床上，又從床單枕頭上沾了一身毛。沒完沒了的吐毛，終於讓他們起了爭執。不過，能靠吵架當前戲的，除了牡羊座之外，也沒有別的星座辦得到了。兩個人天天吵架，天天做愛，也算得上是一對性福美滿的伴侶吧。

當她的月亮在牡羊

太陽牡羊的女生跟月亮牡羊的女生最大的不同，在於太陽牡羊在外看起來可能衝勁十足、咄咄逼人，回家後不見得不能安安靜靜享受居家生活；而月亮牡羊則視家中如戰場，來匆匆去匆匆——沒有人會想把戰場布置得舒適寧靜的吧？延續著牡羊座跑跑跳跳、打打殺殺的氣氛，要跟月亮牡羊的女生約會，有時候多少得帶點殺氣與魄力，如果你安排的約會行程太安靜、一成不變，你就等著聽她整晚哀號「好無聊」吧！所以想跟她們約會，絕對戒之在「悶」。

Tips

如何搞定牡羊女

1.放低身段

牡羊女經常火氣很旺，講著講著不自覺聲音就高八度了起來，如果你跟她一起抬高音量對嗆，那就沒完沒了了，保證兩人吼到鄰居報警抗議都吵不完。所以你不妨放低身段迴避一下，牡羊女記性很差，一晃眼就忘了剛才為了什麼高八度，也就不必吵架了。

2.別跟她搶

她要看電視，別跟她搶遙控器；她想打電動，別跟她搶電腦；她要出門，別叫她留在家。牡羊女是女戰士，千萬別跟她作對，要不然烽火連天，小心河東獅吼。

3.幫她善後

牡羊女不擅長做家事，對於一團亂的居家環境忍受度很高（她們知道這都是自作孽的後果），卻不表示她們不愛舒適的環境，如果你願意

幫她整理家務，讓她住得舒舒服服，她嘴裡不說，但是保證會對你死心塌地情有獨鍾。

口愛錢嫂金牛女

鳥來伯

金牛女是實際又感官的星座女人，心思用在刀口，卻金枝慾孽到不行。

從小到大，鳥來伯只有一個金牛女性朋友，她像我的人生剎車，總會在我滿心歡喜衝出去時，給我一個STOP。我很少跟她出去，因為她總要「想很久」，不是「想很多」喔，是「想很久」，就像電視介紹的「小氣敗金女」，讓我感到不耐煩！

例如逛超市，她會杵在貨架前面精挑細選，摸摸挑挑，看成分看重量看價錢，從兩大品牌商品中，選前三名比較，這原本是逛超市的樂趣，我可理解；但是當有十件東西需要買時，她這種一回合二回合三回合地怕買錯商品的歐巴桑篩選過程，就會讓我火大。我都跑去上好幾次廁所了，金牛女還站在同一區蘑菇。重點是，十樣東西都挑好後，她會再把推車推到角落，去蕪存菁，從十樣中再挑出五樣是「今天不買明天就會後悔」的商品，最後心滿意足去結帳。

「妳不是在家已經先挑過十樣『必買商品』了嗎？為何到最後只剩五樣？」我問金牛女。

「後來想想，又沒那樣迫切啊……好像可以再撐一陣子……」

「啥叫做『再撐一陣子』？」

「像代糖包，我突然想到××餐廳好像可以偷渡耶；我最近也很少在家，三合一咖啡可以先喝公司的。既然都在公司加班，那衛生紙就不會用太兇……」

這是何苦？既然來了，乾脆一次買齊不是很好嗎？我們剛剛三小時耗在這裡，是在幹啥？抓鬼嗎？

雖然她買東西想很久，但是我不得不佩服，事有輕重緩急，她一出手就是好貨，不搞「大採購」這一套，買少但質精。雖然每次都穿那幾件舊衣，但一翻開領口都是有牌子的！除了划算，她的錢得花在刀口上：「一定要有那個價值！」要從小氣拜金女的口袋裡騙到錢，難比登天，跟鳥來伯這種「下刀收刀都快」的寶瓶女相處，她常搖頭嘆息。

有一次聽到金牛女說：「半年內不喝店家咖啡或看電影，省下兩萬元就可以付車子的頭期款，以後接送孩子也方便。」之類的話，讓我相當不解，她戶頭裡明明就不只兩萬啊，拿出來明天就可以買一台車了，幹嘛日子過那麼苦？都不能喝咖啡跟看電影？金牛女語重心長說：「戶頭看得到的錢，要先擺著，留在身邊比較安心，說不定要有一天家裡需要用錢呢。那些還沒看到的錢，才要用力去存下來啊！」請容許我再呼喚她一聲「錢嫂」～

不認識她，會覺得她很斤斤計較，其實金牛女是謀定而後動，勇於把大家內心裡「死要錢」的那部分赤裸裸地顯現出來，讓我覺得

很真！

唯一，唯一，能讓她甘心把錢掏出來的，大概只有食物！

十二星座的女生中，最「口愛」的莫過於金牛女了。我這裡說的「口愛」，不是書上說的「口交」，而是嘴巴伶俐刁饞，對吃挑剔，嘴有雷達，靠嘴巴比靠大腦還準確！每次跟她們出去，都能吃到人間美味，尤其善於從一堆不起眼的店家中，一指，就找到絕妙好店，減少被地雷轟炸的機會。金牛女的嘴巴，說穿了就是很機車，有夠難討好，好比金口，每次介紹她去吃好料的，幾乎都被打槍。我們對話總是如下：

「欸，妳點這能吃嗎？」金牛女問我。

「揹，能啊，鎮店之寶耶！妳看牆壁上剪報都有王金平院長來頒獎跟簽名耶！」我回答。

「屁咧！」金牛女一臉不屑。「是症店之寶吧⋯⋯妳看這烤下巴，根本就是偷懶做的，王金平騙客人沒吃過喔⋯⋯可以準備續攤了吧？」

她平常摳門得要死，一塊兩毛五在那邊苦苦收集超市折價券，一旦遇到吃美食，她絕不虧待自己，「把胃容量花在刀口上」，不好吃就走人，換別家吃，不怕浪費錢，不會跟歐巴桑一樣吃光。

飽暖思淫慾，金牛女與男友度假前，會相偕去大賣場採購，不是買保險套喔，是食物跟美酒，像是要去賓館開趴一樣地轟轟烈烈！金牛女喜歡做愛中途配餐點，對她而言，嘴裡含一塊臭翻天但配上紅酒就會溶化到潮吹的起司，比抹一把威兒柔還讓她有快感；口嚼一塊抹上鵝肝醬就好吃到翻白眼的特硬法國麵包，比看到男友硬邦邦還讓她興奮！做愛前的食材採購，決定了第二天的做愛水準，如

果第二天一開瓶，驚覺酒沒選好，或是鵝肝醬放久變味了，那就是晴天霹靂嘔到底！這時，聰明的男友要做的，不是立刻趴下去乖乖「口愛」，或努力塞爆辛亥隧道，而是思考，做愛完要帶金牛女去哪一家餐廳彌補，才是明智之舉。

這情形還真是那本書——《到不了的地方，就用食物吧》的最好註解！先吃好料，再來吃老料，一點都不誇張！雖然他們買的做愛食物都是砸錢的高檔貨，但可同時把「食慾」跟「性慾」結合，對金牛女來說非常划算，絕對不手軟！

性愛上，金牛女被動害羞，卻也非常悶騷，男人只要先激情，她就會以渾身解數跟他比拼。「男人萬事先主動」是她們的性愛原則——「他當然要先付出啊，這樣我才划算！難道要我搖半天，他坐享其成嗎？」連性愛的算盤都用在刀口上，嘖嘖！

有時，我覺得她很貪，有時我覺得她很省，金錢保守、口慾放縱，江湖人稱「口愛錢嫂」，絕不是浪得虛名！

等待的女人 ── 金牛女

sm 1 0 1 0 1 0

　　金牛女喜歡有質感的東西，喜歡慢工出細活，喜歡被動等待，不愛主動出擊。這種行為得從金牛座的基本性格講起，金牛座踏實而小氣，不以創意和夢想見長，因為他們只相信抓得進口袋的實際東西，痛恨任何得掏口袋的行為，所以很多人都覺得他們是小氣鬼。

　　金牛座另一個特色就是只能加，不能減，也就是說，他們可以接受一個很低很低的薪水，然後以非常微小的增幅加薪，卻不能接受一開始領高薪，然後有一塊錢的減薪。他們只在乎是「加」還是「減」，不管剛開始的底薪高低。

　　金牛座的人特別捱不了餓。不管平常多麼溫文有禮，只要他們餓了，立刻就臉色差、精神不濟，除了餵飽他們別無他法。他們也知道少個一餐半餐，晚吃一兩個小時，絕對死不了人，可是基於飢荒情結，只要一餓，他們腦中的飢荒警報就響個不停，讓他們無法做任何理性思考。

說金牛女是等待的女人一點也不為過。金牛本來就夠慢了，金牛男至少還有金光閃閃的小開金字招牌，總有人會為了這塊金字招牌倒貼上去；而大部分的金牛女，則不喜歡把金字招牌掛在身上，免得顯得沒品味。

　　我有個金牛女的朋友，個性溫柔、很會燒菜和布置居家環境。幾年前她交了個男朋友，交往過一陣子之後，去了男朋友家過夜。當她看到男友家的廉價塑膠家具和美耐板餐桌時，她就知道自己大展神通的時刻到了。

　　基於金牛座熱愛手作與善於改造家居的習性，她有如蚌殼女般將房間內的東西乾坤大挪移，所有硬邦邦的東西都加上手工布套與蕾絲花邊，塑膠餐具都換成陶瓷竹木等材質，所有色調都由灰撲撲的工程師品味改成柔和的暖色調，巧手的程度簡直可以請曹蘭王月到她家。

　　不過，男友似乎沒有發現家中有什麼改變，依舊早出晚歸，依舊有一搭沒一搭地約會。反正金牛女不怕等待，就算等到山窮水盡，依舊可以執拗地等下去。

當她的月亮在金牛

　　太陽金牛的女生，把金牛能量顯現在意識層面，諸如理財觀的謹慎、緩慢與小氣，這還算是理智可以控制的部分；月亮則代表一個人的潛意識，雖然不外顯，卻有更深的影響力。

　　金牛座是象徵豐饒的大地之母，可惜很多金牛座不但沒辦法給人豐饒的感覺，還經常有著飢荒情結。月亮金牛不理智的行為在吃喝上特別明顯，她們簡直把吃當成安全感的象徵，所以金牛女有美食

主義的天性，可是她們餓了就得吃，先填飽肚子再說，品質只好先擺一邊。

如何搞定金牛女

1.別催促她
金牛女動作很慢，沒辦法，慢工出細活嘛！別想為了趕時間而叫她便宜行事，她不管是做家事、煮飯、化妝打扮，一切都得按部就班。要是把她逼急了，小心她發起牛脾氣，讓你吃不完兜著走。

2.別餓著她
金牛女很怕挨餓，餓了立刻擺臭臉，與其哄她，不如立刻走進餐廳餵飽她，哪怕是速食店也無妨。有的人會為了找一家口碑餐廳而繞大半天，跟金牛女在一起，最好少做這種事。

3.豐油多糖
很多人為了健康，少油少糖少肉高纖，如果你奉行這樣的健康準則，最好別跟金牛女在一起。因為金牛女就愛吃油膩膩、甜滋滋的東西，飲食習慣不同，要在一起可就困難了。

俏妞肖婆雙子女

鳥來伯

　　鳥來伯不喜歡雙子男，但卻喜歡雙子女。她們正常像俏妞、起肖像瘋婆，愛情難討好，友情無負擔。

　　要達到雙子女的「人神分離」狀態，還真不容易，雖然同為飄渺的風向星座，但寶瓶鳥來伯還真摸不透雙子女，她們給我的感覺就是「飄」，雙子女有比雙子男更明顯的雙重人格──這一秒快樂得不得了，下一秒卻有如欠債五百萬，天天都在閏七月。

　　可是，雙子女卻又能夠很神奇地，把每個人都玩在手心裡，有像魔術般的渲染力，善於掌握別人的情緒，大過於掌握自己的。玩樂的場子，絕對不能沒有雙子女，她能讓相處的氣氛和諧，永不冷場。她的笑話很大愛，不會取笑別人，反而很會自嘲，把自己搞得很白癡；她很會捧別人的場，即使人家說的笑話不入流，雙子女一定買帳，花枝亂顫得笑開懷，讓別人認為她是個傻大姊，對她卸下心防。

其實，雙子女才不傻，她是「裝大傻」！最了解聚會裡誰跟誰的骯髒事的人就是她！她早就打聽好這些朋友的背景，誰跟誰在一起過？誰跟誰搞曖昧？察言觀色，用一種人來瘋、沒大腦的方式讓氣氛活絡，不管跟誰聊天，都可以馬上進入歡樂狀況。她們「裝熟」，卻不會讓人感到虛偽，反而是一見如故，沒什麼負擔，說說笑笑就過去了。所以，她們的人緣很好，朋友有局，必找雙子女。

都說雙子女很聰明，但鳥來伯覺得，他們不是絕頂聰明，而是很會「收集」別人的聰明，這一點真的很妙。她們對「這邊探一下、那邊瞧一下」非常在行。雙子女不見得會獨立思考，但一定是「大補帖交流站」，資訊來了，沒有趕快找出口說出去，就渾身無勁。問她事情，她一定幫忙把答案找好，例如，我在拍賣網站上看到一件衣服想買，雙子女會很快速找到網站中賣這件衣服的所有賣家，整理出個別優劣，從出產地、運費、真偽品……，一一比較，行動力之強，好比小蜜蜂，嗡嗡嗡到處採蜜到處散播，想問花園裡哪一朵花的事情，請洽小蜜蜂！

雙子女擅長編造藉口，在公司裡，是響噹噹的「藉口達人」。鳥來伯有個雙子女同事，包下整間公司全年度的推託藉口。舉凡同事請假、廠商難搞、主管要求等等，你一時想不到藉口的，問雙子女就對了。待她理清楚狀況就會幫你想出一條康莊大道，照著她編的腳本走，連查國安密帳都萬無一失。可是她們很可愛，不知是記性不好或思慮不周，還是巧言令色或心機太淺，「什麼？我有說過我上個月出國嗎？」、「什麼？我妹那時候結婚的？有嗎？」藉口是真是假，到最後連她自己也忘記。

男人愛上雙子女，還滿有挑戰性的，一般女人會可憐兮兮地問男

友：「你愛不愛我？」只有雙子女的男友，會反過來疑惑：「妳愛不愛我？」因為雙子女說變就變，搞什麼都只有三分鐘，實在太難掌握，不是每個男人都玩得起的。就像男友把好東西捧到她面前，雙子女不一定會「真開心」，倒是會「裝開心」；可是久了，不想在親密愛人面前說謊，臉上便出現不屑一顧之表情，男友困擾沮喪：「怎一下像小公主，一下子卻又臉垮下來像黃臉婆？」明明上次就說要看這部電影，進場不到十分鐘又嗤之以鼻，說什麼「盲目追求流行就會喪失個人特色」之類的鬼話。她到底喜歡什麼？不喜歡什麼？分秒間就會改變！

雙子女也有雙重矛盾。男人不能對她太好，越順口越不好吃；但也不能太強勢，讓她沒台階下。交往時，念頭也是矛盾，情緒說來就來。例如，剛吵完架，男友正努力溝通時，她居然會很疑惑地回答：「啊咧？這件事不是幾百年前說完了嗎？」各位，她不是翻臉如翻書，而是她換了一本書了！雙子女專注力很薄弱，想法在腦中能停留三分鐘就要偷笑了，她可能拉個屎洗個手，又殺死剛剛的自己。許多雙子女都承認「不這樣變來變去，才是有問題！」只是，有多少男人禁得起這樣折騰呢？

在床上的雙子女也超淘氣的。她的做愛就像「玩遊戲」，要她認真專注地做很難，不是不享受性，只是常會被別的事情給吸引。比如做到一半，會問：「唉唷，這個包皮長這樣，是不是特別短？」、「好奇怪喔，為什麼你龜頭的皮膚那麼好！」明明在幫男友口愛，卻突然抬起頭問：「為什麼『它』都會一直歪一邊啊？」求知慾甚強，搞到男友都笑場。因為她實在很愛想東想西，又懶得討好男友，一不小心就變成死魚女王。

她喜歡逛情趣用品店，但做愛時，如果男友突然亮出新奇的情趣用品，雙子女看第一眼會覺得好吸引人啊，再看第二眼卻開始嫌棄：「玩那幹啥？你不能靠自己的身體多點變化嗎？」你看！矛不矛盾？她到底是想怎樣？很確定的是，一個男人只要「性」這塊不及格，雙子女絕對不可能跟他在一起。

　　像某位雙子女描述她的前男友，先天尺寸不合，後天技術不佳，「常常六秒鐘噴一身」，她苦心孤詣地教他要怎麼幫女人自慰，不過那男人不受教，床笫仍然無趣，常讓雙子女不慎睡著，性愛指數低到破表，最後還是被她淘汰了。

　　有時，男友會認為雙子女很自私，愛要求別人，自己卻吝於付出。但，這就是雙子女，男人愛上了她，就必須不斷地創新，這是挑戰也是賭注啊！

　　俏妞雙子女給你蜜糖也給你地獄，肖婆雙子女給你熱情也給你冷言冷語，反正只有三分鐘，她去去就回來⋯⋯

長不大的女人 ── 雙子女

sm101010

雙子座本身就是個充滿兒童性格的星座，很多雙子女就算三圍玲瓏有致，長相嬌媚，還是會給人一種活潑小男孩的形象。

雙子女嚮往的是一種青春期之前無性別的愛。所以，優點是她們活潑愛鬧，缺點是她們根本不懂浪漫，也不屑浪漫。如果男生希望雙子女會弄什麼燭光晚餐、性感睡衣的，恐怕要失望了。性感睡衣會害她們笑場，卡通睡衣倒是她們會幹的事情。

雙子女最害怕與世隔絕，去了沒有網路或電話的地方，會讓她們跟鸚鵡一樣直嚷著：「好無聊喔！好無聊喔！」搞不好還會因為擔憂世界在她們幽居的這兩天毀滅，而茶不思飯不想。

你帶她到野外露營，她望著滿天星光，腦袋想的可能是今天股市不知跌幾點（雖然她並不玩股票）；你帶她湖畔划船，她看著水中月色，心中想的是年底選舉的選情（雖然她哪一黨也不支持）；你帶她海邊聽濤，她聽著海風陣陣，心裡想的是NBA季後賽事（雖然

她只有偶然轉到體育台才會看一分鐘球賽）。因為雙子女喜歡不斷掌握最新資訊，這是她們的能量跟使命，要是不讓她們好好發揮，她們可會大大受挫。

所以囉，雙子女其實非常好搞定，她不需要你送九十九朵玫瑰（因為她不浪漫），不需要你送大鑽戒（因為她不希罕昂貴），不需要你帶她去渡假中心渡假（因為她就是離不開網路跟電視），更不要耍心機愛得你死我活（你還在你死我活的時候，她早就忘了這件事）。她們需要的，只是一個天天帶給她們新鮮感的小朋友罷了！

我認識一個雙子座的女性長輩，她們老一輩的婚姻總是以門當戶對為重，她出色的家世與美麗的外表讓她順利嫁入豪門。她老公原本以為娶她回家之後，以她卓越的品味，鐵定可以帶來一流的居家生活。可惜雙子女不擅長理家，倒是很愛買東西，最新流行的小玩意兒都是她的最愛，更可怕的是還有玩具收藏癖，便利商店推出的各種卡通磁鐵，她一樣也不能錯過。搞得進口名牌冰箱上貼了一整排磁鐵，徹底毀了低調極簡的室內裝潢。

雙子女更嚇人的是對於低級笑話的熱愛。就算那個笑話再老再低級，她們依舊會不分青紅皂白的笑個不停、講個不停。剛剛說的那位雙子女，就曾經在一場家族聚會上面，當著九十歲的公婆徹底破功地又說又唱了一段她自認為好笑的笑話：「趕羚羊，草枝擺，羚羊最愛眾人趕……」搞得公婆當場臉色鐵青，她完全不自知！

最後，經歷了幾段婚姻的風風雨雨，雙子女士又交了新男友，這個男友沒錢沒地位，卻很會搞笑，跟吳宗憲有拚。看來這位新男友，恐怕才是雙子女士的真命天子。

當她的月亮在雙子

大家對太陽雙子座女生的印象就是活潑、反應快，喜歡新奇多變。其實月亮雙子的女生也不遑多讓。不同的是，太陽畢竟是外放的顯性能量，所以太陽雙子的女生有能力主動追求新奇多變的事物，自給自足又自娛娛人；但月亮雙子女在內心深處同樣渴望新奇事物帶來的喜悅，卻不見得有能力主動去爭取，就像月亮無法自己發光，有賴太陽的光線的折射，因此，她需要另外一半帶給她新奇感，如果對方無法滿足她對新奇的渴望，就會若有所失。

Tips

如何搞定雙子女

1.努力搞笑
生性嚴肅者雙子不宜。如果你認為「趕羚羊，草枝擺」不好笑的話，最好別跟雙子女在一起，不然她天天講類似笑話，會把你逼瘋。

2.話多吵雜
剛毅木訥者雙子不宜。不管有沒有營養，雙子女最愛有人陪她吱吱喳喳講個沒完，如果你一棒子打不出半個屁，根本別想追她。

3.求新求變
愛做十年計畫者雙子不宜。雙子女最三分鐘熱度了，她們腦筋動得快，念頭也轉得很快，你要是龜龜毛毛，鐵定被她們列為拒絕往來戶。

人妻人母巨蟹女

鳥來伯

巨蟹女是十二星座裡面的真女人，集所有女人的典型缺點於一身，有人妻的魅力，也有人母的溫暖。

巨蟹女給鳥來伯的第一印象，就是那不可多得的同理心，溫柔中兼具自我保護，分際抓得很好。認識久之後，她才對神經粗得跟水管一樣的鳥來伯卸下心防，開心時，不一定找她共HIGH，但難過一定找她。「隨時都可以CALL我。」絕不是她療傷系女王亂丟的客套話。自助旅行時，找她作伴才安心，她會注意遺漏的項目，就算自己MC不是那幾天來，還是會帶衛生棉，以防別人需要用，母儀天下到不行！

她不但體貼，而且對人敏銳，是朋友圈的好淫媒，知道哪種人要「夾在一起配」才會成功。交男友時，巨蟹女一看就會說「踩煞車！」或是「嗯，安全！」她說不上來是什麼原因，但就是感覺「對了」或「怪了」，而且奇準無比。因為她太敏銳了，讓我常受

不了她易隨周遭氣氛而DOWN下去的敏感。別人一個不經意的表情，會讓她一個頭兩個大地擔憂「這個人是不是討厭我？」、「我這樣做她會不會生氣？」她把情緒壓抑著，一秒鐘幾百萬上下，除非認識很久，不然沒人知道她內心正默默上演著苦旦戲碼。

溫柔如她，很善於給鳥來伯勇氣，但面對男友時卻沒輒，是標準有異性無人性，一談起戀愛就人間蒸發，有夠難約。男人提議去HOTEL玩玩，她卻覺得：「在家裡窩著不是很好嗎？」「去啊！妳處女喔？」鳥來伯好不容易勸她去了，那婦人家居然還帶著家裡的睡衣去，拿到住宿附贈的「早餐券」，還偷偷到一旁打電話向我炫耀：「我今晚調鬧鐘，明天要下樓吃早餐，免費喔……」這位太太活脫脫在度「家庭日」嘛！

進房間後，她竟然去研究床單、窗簾跟毛巾的材質，並喃喃自語：「買這種放家裡好像不錯……」最婦人樣的，就是她愛在HOTEL裡面洗衣服，研究洗衣、烘衣設備，瞧完之後回來還跟我說：「哼！我家用的洗衣機比HOTEL的還好用！」我想，她男友應該覺得帶了個大娘去開房間吧……

她不諱言自己實在沒啥驚天動地的做愛花架。每次聽她講那些日據時代的阿婆做愛法，場所不出臥房、內衣只有白色和肉色、A片看一分鐘就花容失色、快三十歲了還找不到G點，實在替她捏一把冷汗，看來不傳授點絕活給她實在有違人常。可是，鳥來伯已經用蛋捲冰淇淋教過她好幾次「口愛」的力道了，她還是會咬痛男人老二；陪她去買情趣夜衣，也惡補該怎樣勾怎樣穿，她事到臨頭還是在賓館浴室給我喬半天，側彎去扣吊襪帶還不小心閃到腰痛得哇哇叫，破功破得很徹底！

鳥來伯費心地用呼拉圈教她如何抖到男人身上跳艷舞的旋轉舞技，她竟問我：「那做愛時沒有呼拉圈怎麼辦？」叮咚，朽木再一根！她過好久才跟我招認，有一次跳舞時，她性感內衣上的流蘇不小心捲進男人弟弟的包皮裡，她還不敢硬扯，得要再摸一摸，等「它」頭再多冒一點出來，流蘇才會跟著滑出來，我實在無法想像那畫面會是怎樣的愚蠢與不堪！

總之，阿母情懷總是詩，她雖然對做愛沒啥自信，卻以認真彌補。有一次聚餐，還把女人陰部的構造仔細畫出來，點對點研究，搞得來收餐盤的服務生很不好意思。她還堅持不能隨隨便便就做，做愛前一定要與男友分享心靈小祕密，我猜她那精蟲爆腦的男友應該不耐地想：「廢話少說，快把我褲子裡的東西掏出來就對了！」

也不知道她在矜持啥，她說有一次男友用傳教士姿勢時，突然把她的腳抬摺成90度要進入，她掙扎半天抱怨：「好像超市賣的倒立烤雞喔⋯⋯」好解！還烤雞咧！要是男友用「賣便當」之姿，豈不是說像「抱馬桶」？不過，說真的，連國民基本姿勢，她都能欲拒還迎成這樣，往好處想，她應該比淫娃慾女還更能激發男人憐香惜玉吧，也算傻人有傻福。

她比較難搞的不是做愛前，而是做愛後。開心歸開心，心情卻會一下子沉重起來，好像看穿了男人似的，直逼問：「你，還愛我嗎？」剛高潮完不想說話的男人，實在不能說：「廢話！不然剛剛做假的喔！」因為她脆弱得經不起愛人的一絲絲挑剔，非得給個正面回應不可。雖然她對性愛很害羞，但男友不常常跟她做也不行喔，不然巨蟹女就會悲秋傷春地問：「是不是不愛我了，為何不跟我愛愛？」只能說，她不安的頻率比別的星座女高很多，無時無刻

不在嚇自己！

　　她也很喜歡完事後做點宵夜，來點小酒，從床上村姑搖身一變好廚娘，讓男人很有「最難風雨故人來」的歸鄉感。第二天早上，捨不得叫醒男友，她會母性洋溢地準備好早餐，再躡手躡腳出門去上班。她認識了一個男人，就開始幻想當他孩子的娘，行為可以開放，但思想卻保守，彷彿活在「二十四孝」的世界裡，堪稱人妻界第一把交椅！她特愛寄給男友與朋友們一些主旨是「愛，就是陪他到天涯海角」等等兩性成長的E-MAIL，鳥來伯一收到一定直接砍掉啦，不知道她男友會不會覺得：「不過就是打打炮，幹嘛強灌我心靈雞湯？」

　　如果男人以為溫柔巨蟹女最好欺負，那就錯到底了。她是「軟軟地硬」，柔情有原則，拗起來可是極拗；尤其感情，她絕對付出得比對方多，問題出現會努力溝通挽回，內心不斷掙扎不想傷害到別人，低聲下氣吃了悶虧也不說，剪不斷理還亂的態度有時讓我不解。直到冷不妨收到她的簡訊：「分了！」就表示她徹底受傷並且爆炸了，不管男友怎樣解釋，她心一橫就一刀兩斷死不回頭，分手比其他星座都冷血！

　　看似柔弱其實非常好強，遊走「貼心俏人妻」與「堅強萬人母」之間。奉勸男人要搞定巨蟹女，得先打開她的心房，方能走進她的閨房！

收藏破爛的女人 ── 巨蟹女

s m 1 0 1 0 1 0

　　巨蟹座是最宜室宜家的星座。巨蟹們不愛出門，我的巨蟹朋友告訴我，她這輩子最快樂的時光就是那年SARS來襲，不用進公司上班，早上起來頭也不梳，臉也不洗，就在房間裡面穿著鬆鬆垮垮的阿嬤睡衣打開電腦，開始辦公。

　　前面說過金牛座有飢荒情結，巨蟹座也一樣。只是金牛座的飢荒情結出自「這餐吃不飽，萬一沒有下一餐怎麼辦？」，巨蟹座則基於對母親溫暖乳房的貪戀，金牛吃不飽會擺臭臉，巨蟹吃不飽會睡不著。因此，巨蟹們堪稱最愛吃宵夜的星座，你想想，寒冷的晚上，有什麼比吃一點溫暖的宵夜，更能令人心滿意足呢？不過睡前吃東西是身材大忌，所以，要巨蟹們維持完美的腰圍幾乎是不可能的任務。

　　有的巨蟹女恨不得把家扛著走。我有一次突襲檢查了朋友巨蟹女的包包，除了正常人會帶的錢包、手機、衛生用品之外，她們還會

帶「或許有機會」用到（但實際上三、四個月都沒碰）的東西，清單如下：

- 糖果：血糖降低心情會不好，一定得吃顆糖。
- 第二種糖果：咦？我怎麼知道今天想吃軟糖、硬糖還是巧克力糖？多帶一種口味比較保險。
- 小說：坐捷運路途遙遠，萬一無聊可以看小說。
- 筆記本：萬一不想看小說，至少還可以寫筆記。
- 止痛藥：頭痛不能拖，止痛藥不能不帶。
- 胃藥：幾個月之前胃痛過一次，買了胃藥沒吃完，放在包包裡，萬一下次胃痛了，就有藥可以吃了。
- 乳液：不管天氣乾不乾，帶著比較保險。
- 護唇膏：連乳液都帶了，怎麼可能不帶護唇膏？
- 一個未拆封的手機吊飾：從日本買回來要送朋友的，還沒送出去，已經在包包裡放四個月了。
- 一個擠蒜泥用的工具：看到的時候一時衝動就買了，但是後來一次也沒用過，並且徹底忘了這件事。

　　巨蟹女是公認的好媽媽，同時也是天生的小嬰兒，媽媽跟嬰兒是一體的兩面。她們經常扮演體貼的母親角色，但是大家不知道的是，巨蟹女扮演母親的原因，是她們也渴望得到對方的同等對待。所以和巨蟹女交往很單純，耍什麼欲擒故縱、聲東擊西對她們而言都是無聊的把戲，當她對你付出跟媽媽一樣的關懷，你也付出同等的回報，就會立刻被她納為「自家人」。

當她的月亮在巨蟹

太陽巨蟹執著的是「家庭價值」，每週不管多忙都要有Family Day，逢年過節不管加班費再高也不肯加班，非得返鄉團圓不可的一定是太陽巨蟹。月亮巨蟹則不在維護家庭觀念上執著，而是對個人的懷舊有種執念。所以，叫月亮巨蟹的人搬家是一種困難的事，從心理上來說，光是想到要搬離自己住慣了的環境，他們就有錐心刺骨之痛；從實際面來說，月亮巨蟹簡直是收破爛大王，別說老情書、老日記，就連小時候收集的貼紙、從小到大的課本筆記、各時期用過的書包……通通捨不得丟，就算只有一個人住，無用的老東西也能堆積如山，搬家時搞得轟轟烈烈，麻煩透頂。巨蟹是「敝帚自珍」這句成語的最佳實踐者，她們篤信「靠山山倒，靠人人跑，靠自己的敝帚最好」。有老東西在，她們才會有安全感。

Tips

如何搞定巨蟹女

1.重視家庭
巨蟹都很重視家庭，如果你注重朋友多於家人、工作多於家庭，那麼，你不適合巨蟹女，巨蟹女也不可能適合你。

2.學習收納
你想聽到巨蟹女大哭、尖叫嗎？如果你偷偷把她收藏的破銅爛鐵拿去丟，她一定立刻崩潰。這些不起眼的老東西是她們對過去的臍帶，絕不能割捨。

3.禮尚往來

巨蟹女不愛驚喜，你費盡心思耍花招未必能討她歡心，她喜歡的東西很簡單，比如她平常用什麼香水，你就送她十瓶；她平常愛穿哪個牌子的內褲，你就送兩打給她囤積，雖然聽起來超不浪漫，她卻吃這套。巨蟹女不僅愛收破爛，還很怕「斷貨」，愛用的產品如果停產，會讓她哀鴻遍野，所以，陪她一起囤貨最實在！

至尊女王獅子女

鳥來伯

　　這是鳥來伯最崇拜的星座，其橫行天下之囂張霸術，讓我拍案叫絕且深深著迷！

　　鳥來伯的娘親，就是獅子座長女，擁有兩個「當王」的特質，對丈夫及子女的要求很高，以「星光閃閃」為前提。怎奈鳥來伯卻不務正業，以前獅媽總是愛念我：「考醫學院，會很難嗎？念研究所，會很難嗎？」她不是想到當醫生可以救人，而是單純地覺得「這樣才有面子！」我則是頂回去：「不然妳去念啊！」她怒了，竟然以五十歲高齡考上醫學院，最扯的是，畢業後轉戰哲學研究所，如今已研二！「我敢要求妳，我就會做到！老娘考給你看！老娘自己念！」這超級戲劇化的歷史事件，仍在江湖上傳頌著，每每說到這裡，朋友們都一副不可置信的表情。

　　鳥來伯念書但求PASS，但獅媽不是，縱使五十歲仍好勝無比。期末拿到成績單後，她會去找教授：「這科報告為何只給我90分？

我哪邊寫得不好？跟我說，我下次改！」這位太太，聽說妳已經是全班最高分了，可以不要貪心了嗎？遇到上課哈拉、延遲下課的教授，她會直接說：「老師，下次不要這麼多廢話耽誤大家下課，好嗎？」遇到死不透露考題大綱的機車教授，獅媽也會替大家行俠仗義：「老師，你把我們考垮會比較開心嗎？好好畫一下重點，大家有方向參考，我們瞎猜也不是辦法，您說是吧？」對上課不關手機、搭乘校內公車自以為有特權而不排隊的老師，獅媽也不假辭色，簡直是身後跟著一群學弟妹、愛打抱不平、會把壞學生拖去角落「提醒」一下的廟街雞姐。我常常懷疑，我媽媽年輕時一定混過幫派。

因為欣賞老母如此膽識，鳥來伯最要好的朋友，也是個活在掌聲裡的獅子女。

這位獅子女號稱「Buffet凶器」，每次去「吃到飽」前，總會召集大家沙盤推演：「你，去位子上顧大家包包；你、妳、你三個，先去甜點區下手；你、妳兩個，拿空盤卡位等我！」調兵遣將完畢，獅子女的任務就是去搶夾菜的夾子，把夾子當兵器，殺遍全場，看到什麼就用力掃進盤子裡，裝滿了，就大聲吆喝同事：「手上空盤給我！」再不就拿夾子「隔空運菜」到桌上，也不管後面的人等得眼睛要凸出來了，「歹勢喔，快好了～」她的語氣很仁慈，動作卻依舊堅決。不一會兒就搶了四、五盤滿滿的食物，回到座位上還不忘張羅大家都OK沒，「妳沒拿到生魚片喔？我去拿！」、「那個小鬼剛舀完湯，我先上！」眼明手快，看到什麼新出來的菜，就義無反顧飛撲過去。反正既然大家如此需要她，她拚了老命也甘願！

我常笑她平常精明強悍，不懂什麼叫做妥協，但是遇到灌迷湯裝可憐的男友就沒輒，昏庸個半死。她是100％的強者論，偏愛團體中有權勢、有才華的男人，但最後卻都跟遜咖戀愛，讓我們眼鏡跌破數次。

她平常兇得跟鍾馗一樣，男友做錯事，她也會震怒地放話：「打電話給我很麻煩嗎？以後都不用打了！」她的狠招就是孤立對方，這比千刀萬剮還可怕，但對方只要跪地哀求，就能免於一死。一旦她肯說：「哭屁！」或是「你給我走著瞧！」就表示刀子口豆腐心的她已經消氣了，男友只要死命丟高帽子，努力做台階、當奴隸，就過關了，真不知道到底是誰吃定誰？不過就算男友快被操瘋了，跟獅子女出場時，一定光彩奪人；就算前一小時還在馴獸，但只要一出門，她就會把面子做給他，並且希望兩人金碧輝煌如維多莉亞＋貝克漢。

但是，在床上要搞定獅女王可就沒這麼簡單，她非常需要與性能力很強的男人車拼，「怎麼可以讓他完整無缺地回家？」想搞上她，就別妄想有隨便下來的機會。她非常沒耐性，前戲摸太久，她會低下頭說：「怎麼舔來舔去就這幾招啊？屁股還不給我用力扳開來？」遇到亂射個什麼鬼的沒擋頭男人，她也不會勉強自己屈就，她會當機立斷停止性愛，擺個嚴峻的臉色要對方知所檢討。

開玩笑，女王怎麼可能開口傳授男人房事祕訣，有失身分啊！要當「王（女王）的男人」，就得非泛泛之輩！這種女王風範，會讓真愛她的男人不斷精進技術，奉獻各種高難度恩愛本能，以求與她相匹配，算是利人利己！

獅子女回報男人的方式，就是將自己打扮得美艷動人，愛當巨

星的她，會像瑪丹娜開演唱會一樣，問觀眾：「感不感激我？興不興奮？開不開心？」被操到虛弱個半死的男友還得識大體地回答：「感……感激……」獅子女才會點點頭，表示滿意。

她對情趣玩具的要求也很高，烏來伯很愛陪她去逛情趣用品店，要知道女王玩的已經不是市井小民的層級了，「玩過自動伸縮藍波嗎？姐姐教妳！」她常指定店長特別從國外進口「濱崎步或貝克漢老婆也愛」的明星款式，越貴的、越有戲劇張力的，像是夜光飛梭跳蛋，或閃亮罩袍情趣衣，她越敢灑重金買來試；就算單身，也要買「不求人系列」撐起面子，算是用生命做愛的女漢子！

「男人有讓女人濕的義務，女人有讓男人硬的權利！」至尊獅子女就是這種時刻把主權握在手上的女王，只有她不要的，沒有她不能的！

死要面子的女人 —— 獅子女

sm101010

　　我幫人算命這麼多年下來，私下統計發現，會找我算命的人，獅子座的最少。我想了想，這恐怕與獅子們超級愛面子的特性有關。

　　獅子座喜歡扮演領導者幫助弱小，並討厭示弱，就算心裡遭逢重大打擊，也不願尋求任何協助。看命盤當然也是一種心理諮商，獅子女就算遍體鱗傷，也會把傷口武裝起來，觸碰不得，如果你不小心發現了她們的傷口，最好迅速裝死，否則讓她們感到顏面無光，對大家都不好。

　　獅子女王愛端架子，絕對不肯「請求」甚至「哀求」別人。明明自己想上台得要死，卻一定要擺出一副巨星答謝安可曲的樣子，要旁邊的人用力鼓掌用力拱，才「百般不願」地站上台。因此，如果大家沒有套好招，那可麻煩大了。我就認識一個這樣的獅子女，讓我不禁佩服起她的另一半。

　　有一次，她的男友臥病在床，可是那天獅子女下班回家不知道哪

根筋不對，硬要跟男友親熱。「如果你愛我，就跟我做！」她說。獅子女是很熱情的，她們會把自己的喜樂表現在床上，可惜她們只顧自己的喜樂，根本沒注意到男友倒在床上發燒流鼻水……。

獅子女無時無刻不活在掌聲中，上班時間得由同事們捧著，下班後還得由家人接手繼續捧。與獅子男不同，獅子女雖然貴為女王，有時還是會走進廚房發揮一下母獅子應有的母性。不過，廚藝得靠磨練，既然平常不磨練，能煮的樣式也有限，所以她心血來潮時煮的大多是火鍋，而火鍋料也不能是平民百姓吃的肉片、餃類，可惜吃東西這回事不是稀有昂貴就會好吃，她突發奇想又不聽勸所配出來的食物，通常與「美食」相距甚遠。

可是，在女王嚴厲的眼神注視下，誰敢不捧場吃光呢。「你看！好吃吧！看你吃得這麼乾淨，明天再做給你吃！」看著盤底朝天，女王終於開心地笑了。

當她的月亮在獅子

大家都知道獅子座好大喜功、愛面子，喜歡站在鎂光燈下當明星。不過太陽獅子們是「上班一條龍，下班一條蟲」，雖然有點令人唏噓，可是比起月亮獅子的難搞，太陽獅子實在好應付多了。相較於太陽獅子下班就停電，月亮獅子可是一天二十四小時都豔陽高照日不落，所以當月亮獅子的另外一半很辛苦，隨時都得小心翼翼捧著這位「巨星」，不能稍有鬆懈。

如何搞定獅子女

1.多多捧她

獅子女是天生的女王，對她而言，稱讚永遠不嫌多。你如果可以做到稱讚完她的美貌，接著稱讚她的穿著品味、聰明才智、辦事能力⋯⋯當面講不夠，約會結束之後還能打電話繼續捧她，恭喜你！獅子女會對你非常滿意。

2.多多花錢

獅子女不需要你發揮什麼巧思與創意，她要求的只是「名牌」，她們認為頂級品代表她在你心中的地位，與其絞盡腦汁想要送什麼禮物，不如直接去名牌專櫃刷卡，讓她開開心心。

3.場面浩大

獅子女最愛搞大場面，所以，想幫她辦什麼宴會，可別小裡小氣訂什麼小包廂，一鼓作氣包下整個廳，什麼阿里不答的人都給她邀來，幫她做足面子。

強迫龜母處女女

鳥來伯

　　這是個乖乖牌星座，她瞻前顧後之龜毛、義無反顧的強迫症頭，總是搞得自己很累，旁邊的人很廢。

　　鳥來伯只認識一個處女女，那是我大學時的室友。交朋友還好，一起生活了四年，才真的開了眼界。好吧，以下就叫她「處女」好了，實至名歸。

　　處女喜歡把自己關在寢室裡，晝伏夜不出，活動區域是圖書館、教室、宿舍，相對於同是大一新生的我們亂玩亂交亂搞、沒把「夜間以非正當方式擅自出入者，應受記過或退宿之處分」的公告當一回事，她顯然自律很多，好像是個絕緣體，活在睫毛膏、高跟鞋、聯誼的世界之外，每當鳥來伯與其他室友打扮得花枝招展準備出門時，她仍逕自安靜地看著《追憶似水年華》，像在PUB外化緣的尼姑，殺了點風景掃了點興。你知道的，有時跟過分恪守規矩的人相處，反而會讓我們這些使壞耍狠的人侷促不安，良心過意不去。

別看處女安安靜靜的，其實她超會抱怨。鳥來伯半夜起床上廁所，明明躡手躡腳，動作輕巧地如魅影，但正在睡覺的她就是會故意翻來覆去，還會把棉被往頭上一蒙，擺明就是被我吵到，嘴巴還「嘖！嘖！」地抗議著。有時候她在念書，我不過是打開一下冰箱，她也要很誇張地把手搗住耳朵，顯出被我打擾的樣子，怎樣？開冰箱很吵嗎？更別說每年選舉的競選宣傳車經過時，她那種齜牙咧嘴，差點要學梵谷把耳朵割下來的可怕樣子了！

跟她去看電影才丟臉，明明人家電影院音響沒啥問題，大家看了也沒事，處女看到一半就會轉過來問：「妳不覺得很吵嗎？」欸……戰爭片耶，不吵才有鬼吧？（明明就是她提議要看的……）她三番兩次抱怨，我覺得整間戲院最吵的就是她！那音響搞得她坐立難安，她再把我搞得精神分裂。她還不死心，衝出去找放映人員，說裡面音響有問題。對方不解：「那是正常的音量啊……」她還說：「要不然你自己進來聽！」是我們耳背還是她有病？整間戲院都快被她搞瘋了！

再不然就是抱怨戲院廁所為何沒有衛生紙？看電影幹嘛要討論劇情？宣傳酷卡明信片怎一下子就被拿光了？為何只有一個人在票口賣票？販賣部為何沒賣健怡可樂？為何臨座小鬼啃雞爪的塑膠袋聲音這麼吵？已經放映十分鐘了，為何還放觀眾進場？放映完畢，字幕還沒跑完為何人都閃了，有沒有國際禮儀？

人被討厭不是沒原因的，不只戲院工作人員，連鳥來伯都很想拋出流星槌。不過是看電影放鬆一下，在那邊挑三撿四，嫌到出汗，不煩嗎？她竟回答：「有批評才有進步！」媽啦，妳去上政論節目好了！

可是很奇怪，雖然挑剔個半死，她最後都還是去同一家戲院，真令人匪夷所思，不知她挑剔是不是挑好玩的！

處女還有一種「愛善後強迫症」併發「尖酸刻薄順口溜」的壞習慣。每次室友們洗完澡，前腳出來，她後腳就會咻地鑽進蒸氣騰騰的浴室，把剛剛擠過弄歪的沐浴乳、洗髮精的瓶口，一一擦淨擺整齊，再撿起塞在水槽蓋的頭髮，用乾布將地面擦得無一滴水氣，彷彿剛才沒人進去洗澡。我們拉完屎，她也是帶上手套，一個箭步奔進去，倒入清潔劑，像逼它破皮似地仔細刷洗還溫熱著的馬桶，變態得很！跟她說「我等一下再刷」，她還會帶刺回答：「我順手。」硬是要酸一下我們這些「真正順手的使用者」就對了。

有時我帶隻小狗回來玩，她也會來一句：「真是稀客！稀客！」言下之意，是諷刺我留連在外，很少回寢室，吼！她直接說「BITCH帶BITCH回來」我還比較開心咧。雖然碎碎念加抱怨，但她還是會屈就，乖乖地抄著掃把到處掃狗毛、收垃圾，讓本寢室年年贏得女舍輔導考核之冠軍。

大三那年，處女桃花過渡，有了愛情，愛上一個學長，臉上開始出現血氣。不過她還是謹守規範，去賓館怕超過宿舍門禁，只休息不過夜，矜持得很！讓我驚嘆的是，她的潔癖從家裡一路癖到賓館。她說做愛洗澡完，還是忍不住手賤把HOTEL浴室、鏡檯擦乾；折好被子、擺好拖鞋、遙控器，衛浴組等有的沒的用品，有用過、沒用過的分兩邊放；煙灰缸、漱口杯擦乾倒擺著；退房前還依依不捨地檢查一遍，回復原狀到就算徵信社抓猴也抓不到痕跡！鳥來伯懷疑，她上賓館到底是在做愛，還是當阿卿嫂？她打死不做「超時加錢」的事情，天啊，好無趣，她該不會QK還調鬧鐘吧？我

懷疑她做愛是不是在趕時間——畢竟，QK兩個小時，要洗澡、刷馬桶、刷浴缸，還要還原現場，天曉得她剩幾分鐘可以炮？

她男友因為受不了這種個性，想離開她。最後一次，她跟他約在賓館，想挽救愛情，但敗就敗在，兩人都在親熱了，她一抬頭，忽然看到塑膠袋裡的滷味湯汁緩緩流出，看著湯汁沿著桌面⋯⋯流到桌角⋯⋯眼看要滴到地上了⋯⋯處女一直克制自己：「不要理那該死的滷味！不要理那該死的滷味！」但在男友渾然忘我的時候，她還是忍不住伸手抽了張衛生紙去擦⋯⋯讓男友瞬間軟屌，死心絕望，當場罵她：「可不可以不要這麼在意小細節？」戀情也徹底告吹。

跟處女相處實在好辛苦，她就這樣死抱著一些枝微末節去轉。愛抱怨我們杯子用完不馬上洗，內褲在陽台晾了一百年也不收，抱怨男人的襯衫扣子少了一顆都不補、日光燈管壞了一枝不換之類的。我就覺得奇怪了，杯子等下次要用再洗就好，釦子沒縫是會被看光光喔？兩枝燈管只壞一枝，只要眼睛沒瞎都看得到吧，只要不影響大局，馬照跑舞照跳，看見垃圾轉彎就好啦，幹嘛無事自擾？是我們太無王法，還是她太開？

但是我萬萬不能這樣說她，因為她雖然不會大吼回嘴，卻會小聲地雜念個沒完沒了，比大吵一架更令我抓狂，所以我只好順著她。因為我真的不能沒有這樣自律的室友，沒有她盡職地留守，寢室就不像寢室了！哼，說到底，還是她贏嘛！

面對比「真處女」還「處女」的處女，正常人總是誠惶誠恐，因為她可以給你的變態初體驗，絕對也是新鮮得Like a Virgin！

囉唆的女人 —— 處女女

sm101010

你知道怎麼稱讚處女座，會讓他們最高興嗎？就是：「你真的一點都不像處女座耶！」處女座就是這樣，連自己都受不了自己的奇怪星座。不過，處女座的麻煩都有自己的一套道理。比如，我認識一個處女女，她每天要花很多時間調整她的辦公桌，除了正常人檯燈擺左邊，滑鼠擺右邊之外，她的檯燈必須距離書桌三十公分，因為這樣照明剛好，也不會產生眩光；電話必須剛好卡在鍵盤跟檔案夾之間，這樣接電話時手不必伸太長，而且電話不會滑動；電話基座的縫隙必須擺上便條紙，並且剛好卡上一枝筆……的確，打造舒適的工作環境有助於工作的進行，可是，老是斤斤計較於檯燈的角度、便條紙的位置，而耗掉了大部分的時間與精力，不禁讓人懷疑她們還有多少時間可以做正事，因此大家對處女座的評語，說得好聽些是「見樹不見林」，說得難聽點就是龜毛，令人看了就想扁。

我有一個處女座的親戚，她的小孩告訴我，這位處女媽媽舉凡浴

室的毛巾該怎麼掛（深色在內淺色在外，或短毛在內長毛在外）、床單要怎麼鋪（有商標的那面得朝右下角）、被子怎麼折（才好讓前一晚的溼氣透出）……都可以一一條列出足以獲得ISO認證的檢核表。

處女座最討厭人家遲到，遲到代表沒有紀律，而「紀律」就是處女座最愛的兩個字。我有個朋友交了一個處女座的女友，由於深知處女座討厭人遲到，每次約會都盡量準時，不過怪的是不管他再怎麼準時，女友總是早就已經在約會地點等他了。後來他才發現，嚴謹的處女女至少會提前個五分鐘到達，因為她習慣把路上可能的突發狀況考慮進去。何況，早到個五分鐘，還可以讓自己喘口氣，整理儀容，美美地出現在男友面前。

處女女很怕異味，她有個習慣，只要跟男友上床，她一定從包包裡拿出口香噴液往男友嘴裡噴。「我被噴過薄荷口味、草莓口味、肉桂口味、檸檬口味。我好想知道她包包裡到底裝了幾瓶口香噴液……」他說：「而且，跟她交往之後，我就再也沒吃過大蒜了。她的鼻子跟狗一樣靈，就算刷牙也沒用。」如果你不知自愛，就等著連聽三天處女女的碎碎念神功吧。畢竟，大蒜誠可貴，愛情價更高啊。

當她的月亮在處女

月亮處女跟太陽處女的不同之處在於，出門在外她們都會發揮出太陽星座該有的特質；而她們展現龜毛精神的場域，絕對跟關起門來的事情有關，也就是說，月亮處女會在回家之後，把處女座的龜毛發揮到淋漓盡致！因為月亮是來自母系的遺傳，月亮處女的人

通常有個嚴謹的母親，不但嚴謹，還善於制定家規，從小受到媽媽的「耳濡目染」，她們自然覺得所謂的「規則」，會帶來「安全感」。

Tips

如何搞定處女女

1.不怕嘮叨
處女女不會跟你猛烈大吵，也不至於歇斯底里，可是她們的嘮叨恐怕舉世無雙，她們絕無惡意，只是無法控制。如果愛上處女女，就得先通過這一關。

2.自動自發
處女女的挑剔也是舉世無雙，事實上，處女座都有點勢利，你能被她看上眼，表示你的「品管」絕對超乎一般水準，所以，至少在她們面前，你得更自動自發向上提升，讓她們相信自己沒看走眼。

3.追求完美
處女女相信「好，還要更好！」，就算你的品管超越國家標準，她們還會列出更嚴苛的規範，讓你跟隨著她們的腳步，達到宇宙級的完美水準。

矛盾浪蝶天平女

鳥來伯

　　天平女是最沒個性的，總在搖擺中讓人又愛又恨，在權衡中讓自己亦真亦假。

　　鳥來伯有個徹頭徹尾天平座的好友，愛美至極的她，凡是跟美有關的，她都很清楚。上次我才被她數落「耳洞沒有養得很漂亮」，什麼叫做「養得很漂亮」？天平女說鳥來伯長期戴垂墜式耳環，耳洞被拉成細長形，很醜。於是她傳授我「睡前用特殊方式按摩，配合藥膏讓耳洞修補回小巧的樣子。」好煩呐，耳洞亮幹啥，又沒人看！她卻說：「睡覺時，男友轉過去親吻妳的耳朵，就會看到啊！」我覺得，她，走火入魔了，而且無聊到連耳洞這種地方都在乎的男人，我想也不用再交往了！

　　因為愛美，天生也有條件美，所以她堪稱不折不扣的公關浪蝶。她的社交手腕，渾然天成如官夫人，彷彿有台攝影機跟著她一般進退合宜，「妳越來越美麗，一定是愛情順利」、「我就是一心在等

你來，你來這場子我就放心了」、「這衣服的顏色搭在我身上，就是沒妳好看」……天平女最厲害的人際敏感度，就是一眼看到對方的優點，讓對方又驚又喜，對她印象深刻，社交辭令從她口中說出不會噁心，因為都是實話！加上迷濛的眼神，燦爛的笑容，回眸殺掛無數男人心，整場硬是把其他母的堅壁清野，跟她同台根本沒有鳥來伯發揮的餘地，只能黯淡無光，杵一邊當個提鞋的，好像只有她站的地方有打燈一樣！

很多人以為天平女很難以捉摸，其實她不是故意裝神祕，不說出自己的看法，她根本就是個沒主見的二楞子。當我跟她抱怨東，她就跟著我說：「東真的不好耶……」可是我講著講著，說西比較不好，她也跟著我說：「對對對，西比較不好……」找她吐苦水真的很爽，但是問她意見時，她也只會說：「不知道耶，看妳自己啊……」講半天講不出什麼屁。但她又對美的事情非常有看法，一輩子最有主見的時候，就是當我問她穿哪件衣服該配哪雙鞋、哪雙鞋又應該配哪雙網襪？說到這些她就全醒了，馬上變成造型達人，399的價錢到她手裡東拼西湊，一出場就3999沒問題。

她是很在意別人眼光的女生，時時刻刻都要完美現身，跟鳥來伯這種造業過速、不管後果的個性實在很不同。她也超好欺負的，因為膽小，遇到問題就壓抑，看起來好像都優雅不生氣，其實心裡早就咬牙半天。尤其愛情，她更常悶在心裡口難開，與擅長公關的個性是一體兩面，她愛維持表面和平，不跟男友起衝突，卻變本加厲把不滿的情緒壓到最底，最後受不了，再突然大翻盤來個分手。

鳥來伯覺得，她連分手都像外交部的「斷交公報」，客氣完美地令人無可反擊；但在這些不失風度的分手話語背後，卻是滿滿的壓

抑跟不滿。例如：

她會跟情人說：「我們當朋友比當情人好！」

但她內心的O.S.是：「我早就對你沒有情人也沒朋友的感覺了。做到一半去上廁所，尿完竟然沒洗，回床上就把它「嘟」到我嘴裡，你……良心何在？！」

她說：「我是一個很爛的人，只會讓你難過。」

其實是：「看到你邊打電腦邊挖鼻孔，我更難過！還有你亂拔我的內褲又亂丟，害我做愛後狼狽滿地找內褲，你也給我記住！」

她說：「你沒錯，是我自己的問題。」

其實是：「跟你在一起才是我最大的問題！跟你說一百次了，抽完煙要洗手才能愛撫，聽不懂喔？叫你做愛不要拉我頭髮，好不容易照角度躺下去的，一直要我翻來翻去，會亂掉你知不知道！」

她說：「我覺得我配不上你。」

其實是：「是你配不上我！你竟然沒看到我精心修剪的愛心造型陰毛。還不准我邊做愛邊照鏡子，罵我做愛不專心，你不知道我必須看鏡子檢查小腹突出、乳房下垂、大腿鬆弛嗎？我滿腦子都在想怎樣美美地做耶！」

她說：「我好忙，我怕我不能好好照顧你。」

其實是：「我受夠了當你的奴隸！去你喜歡的HOTEL，用你會興奮的姿勢，拜託你難道不知道那姿勢很醜嗎？順著你的要求穿上情趣衣，你不但一次都沒誇獎，還粗手粗腳刮破絲襪，害我腳拇趾整個噴出來！」

分手的男友大概想都沒想到，平常溫柔體貼的天平女對他有這麼多怨言。鳥來伯覺得，天平女遇到問題習慣壓抑，其實是因為愛

逃避；再說，做愛時何必太注重形象？陰道不會乾掉嗎？有時大吵一架，不是也很快活嗎？女人稍微任性、驕縱一下又不會死，幹嘛表面上假裝很得體，私底下氣得發抖胃痛，不是很討賤嗎？一放一收，一熱一冷，不會失調嗎？下戲了啦，女主角！有時候還真想看看天平女挖鼻孔、摳牙齒的樣子，但是，她們大概連口交都堅持要有完美的仰角吧！

對美偏執卻欣賞異己，多情親切卻冷靜知性，崇尚自由卻為愛束縛，很有主見卻寧可壓抑，這就是天平女的「矛盾」情結，也是讓男人感到莫名暈眩的多重魅力呀！

World Peace的女人 —— 天平女

sm 1 0 1 0 1 0

大家都說天平座出俊男美女，這一點不是沒道理，天平們非常注重外表的平衡與美感，也注重氣氛的平衡與美感。臉紅脖子粗地據理力爭，對天平座來說當然稱不上「美」，孔子說：「君子和而不同，小人同而不和。」雖然不能武斷地說天平們是小人，他們卻實在很難「硬」起來當君子。

愛好和平又膽小的天平座，最怕發出與眾不同的聲音，即使心裡有一萬個不願意，也沒膽舉手表達自己的「異」見，寧可維持表面的和諧，也不願當那個發出聲音的烏鴉。寧可讓人認為她們無腦，生怕別人在背後批評她們。天平座都很NICE，像顆可以亂捏的軟柿子，也經常害人會錯意，誤以為他們對你有興趣。

此外，愛美又愛人群的天平女是公關高手，她們會把拿手的公關本領徹底運用在生活上，所以，她們一定會記得你的生日、結婚紀念日、第一次約會紀念日、第一次上床紀念日，且用不同的慶祝方

式與小禮物讓人備感驚喜。但是注意！別光顧著享受天平女帶來的歡樂，因為，享受了之後就得付出，要是你忘記這些鉅細靡遺的紀念日，天平女表面上不說什麼，內心其實大受傷害失去平衡。

天平座本來就是個想太多的星座，天平女為了維持良好形象，再加上女性的矜持，內心世界之千迴百轉，絕非凡人能想像。我有個天平女朋友有一次跟我抱怨她男友有多麼做人失敗、不知上進、個性陰鬱……我聽了忍不住說：「這是他的問題，不是妳的問題吧？何不離開他？」她聽了大吃一驚，分手？天平女的字典裡沒有這兩個字。

原來是天平女前一晚的性事不協調，她那沒出息的男友做愛做到一半，就開始碎碎念白天上班的不順，老闆有多煩，客戶多難搞……不可思議的是，這男人竟然有辦法一邊念一邊做。任何女人遇到這種男人都會做不下去吧？天平女雖然很不爽，仍然繼續做，還一邊嗯嗯啊啊，不忘安慰她的男人：「啊！都是老闆的錯，唔唔……別理那個客戶就是了，喔啊……」我問天平女：「妳這麼不爽，幹嘛不叫他閉嘴，或是叫他別幹了，去洗冷水澡！」「可是，他情緒這麼差，我怎麼能不好好安慰他呢？而且都做到一半了，要用什麼理由叫他下床？」天平女只記得當別人的情緒海綿，完全忘了自我的存在。我說：「不需要理由啊！正常的人會說『老娘不想幹了！』」天平女說：「原來大家都這麼愛撕破臉，我還一直擔心他會心理不舒服咧。」

只惦記著對方的感受，完全忘了自己也要舒服，這就是天平女。

當她的月亮在天平

太陽天平跟月亮天平的NICE還是有著本質上差別，由於太陽是跟表面有關，太陽天平的NICE是為了維持表面的平衡，只要搞好表面的平衡，一切就好辦；月亮天平要維持的，卻是自己內在的平衡，但內心不像表象這麼易於捉摸，過於費力維持內心的平衡，反而經常自我逃避，導致陰溝裡翻船。很多人認為，月亮本來就是隱性的能量，加上天平座是柔和的風向星座，月亮天平的人一定是柔情似水、柔若無骨加柔腸寸斷，不過，月亮天平的人雖然看起來柔弱，事實上很可能是彆扭難搞第一名。

如何搞定天平女

1.有點主見
天平女有著猶豫個性，如果你不幫她拿定主意，她肯定會想很久都沒有辦法做出決定，哪怕是再小的小事。

2.給點空間
雖然天平女總要別人幫她做決定，不過，太過於高壓的話，又會讓她的內心失衡，所以留點彈性空間給她是很重要的。除此之外，當天平女不正面回應你，給你碰軟釘子的時候，你就得知道，她的內心已經在拚命搖頭了。當她說：「好，那我再想想……」別以為她真的在考慮，其實是她婉轉又迂迴的拒絕。

3.有點耐心
天平女也是天生的遲到大王，她出門前可能會為了一個小飾品，不斷

改變服裝搭配、髮型、彩妝。想為了準時出門，而要求她們放棄任何一點點對於美麗的要求，絕對會嚴重傷害她的心靈，偏偏她不到最後關頭，絕對無法做出決定。所以，如果要跟美麗的天平女交往，耐心少不了。

顫慄妖姬天蠍女

鳥來伯

　　很多人不喜歡天蠍，但天蠍女卻對自己的星座非常引以為傲。她們有仇報仇，有恩報恩，戲劇性的愛情張力，讓鳥來伯大呼過癮。

　　天蠍女最可怕的特點，就是無可扼抑的占有慾，一切的邏輯，皆挑戰著戰慄美學之極限。鳥來伯的天蠍女朋友，只要是她認定是「她的」，她就有「管理」的責任。很講義氣，只要是她認定的「朋友」，她就力挺到底，不管事情對錯真假，「因為是妳，所以我挺」。挺身而出，主持公道，算計著該怎樣懲罰對方，「這已經不是妳一個人的事了，而是他動到了妳——我的朋友！」相對於獅子女的正面交鋒，天蠍女喜歡「來陰的」，至於報復方法，大家都看過三立或民視壞女人的戲碼吧？對，不要以為那就是戲劇，天蠍女就是會用這些陰險步數。

　　我那天蠍女朋友，有一次受到公司的不平等待遇，被迫離職。她拿了高額遣散費後，卻心有不甘，開始在網路上散發不實傳言，還

匿名傳真到總公司老闆那裡去毀謗前上司，甚至自掏腰包發送廣告E-MAIL控訴。有時候，看到電視新聞上那些到人家公司去噴漆、潑糞、灑冥紙、放死狗的惡質手法，我猜他們十之八九都是天蠍座的。

天蠍女很會搞小團體，找大家聚在一起，你一言我一語陷害眼中釘。「總要有人遭遇不幸，新聞才有得寫。」就是讓所有人知道，是對方對不起她，而不是她對不起人家。但是，天蠍女絕對不會承認自己會做這種「太過明顯」的鄉民行為，只會很神祕地一笑，一副事不關己的樣子，但那就是她「間接授意」的表情，總叫人捏一把冷汗。

你以為她很不理性嗎，錯！天蠍女是全天下燒乾了還有腦漿的生物。她很擅長燃起火種，並且把事情撇得一乾二淨，直來直往的鳥來伯有時候深深佩服天蠍女的「套話」本事，她們會從一句話裡，抽出對方最在意的字眼，例如，她要是對某個男人有意思時，當那男人不經意地說：「我好久沒看電影了。」天蠍女會故意說：「女朋友都沒有陪你看嗎？」對方說：「沒，她最近很忙。」天蠍女就會挑釁：「忙？忙也要顧及到愛情啊？」反覆套問，挑撥離間，煽起不爽。男人的情緒被挑起火大時，她又會笑得很燦爛，出來緩頰：「唉唷，何必呢，愛情開心就好。」一副好人樣，其實已經在對方心裡埋下一顆炸彈。「反正我不急著跟他在一起，先釣魚一下。」這是天蠍女的佈線心眼。

面對情敵橫刀奪愛，那更是諜對諜。輸給情敵，簡直是天蠍女一生的恥辱，不僅暗幹在心裡，而且君子報仇，一輩子不晚。嘴巴上雖說：「去死，我才不屑她咧！」心裡卻在意得要死，因為愛

面子，做什麼事情都得耍暗盤。例如，私下調查情敵的背景，在哪裡上過班、坐哪條捷運、歷任男友是誰、家世背景、有沒有花邊新聞，一旦找到情敵的弱點之後，天蠍女就會有意無意地讓前男友知道，絕地大反攻，硬的軟的通通派上用場。她可以半夜到前男友家，色誘對方，甚至霸王花硬上弓——說到天蠍女用「肉體當武器」的這項長處，性愛寫手鳥來伯也甘拜下風。

她們愛一個人，會虔心修練性愛技巧；恨一個人，也會用性愛教訓對方。剛剛說，天蠍女到前男友住處去色誘，就是一種報復。她會「表現」得比以前熾熱，沒穿內褲披件風衣就按電鈴了。叫床時故意叫成別人的名字，塑造假想敵，讓前男友燃起莫名想「征服」的慾望，動作神情也比以前更狂野奔放，可能還做到趴在牆壁上掄來掄去，甚至故意把丁字褲塞在前男友的衣櫥裡，製造他與新歡的爭端。「我就不相信，他離得開我的身體？」要分手，也要榨乾對方最後一滴血、一滴精，才肯罷休。

天蠍女很愛鑽研房中術，知道得比男人更加詳盡，很多良家婦女不敢的招數，例如後庭毒龍鑽、顏射、變態綑綁、經期做愛等等的，只要對方要求，她一定全力配合，甚至做到對方腿軟吱吱叫喊救命。她們在性愛上很強勢，深信「好馬配好鞍」，願意幫助對方、鞭策對方，訓練對方性技巧一起同步成長，「來，再舔我一次，從乳頭右下方舔上來！對……做得很好，對……」、「這裡快一點，嗯……身體彎下去一點，好……快快……」愛之深責之切，跟天蠍女「操」過一輪戀愛的男人，出去做愛一定都是掛保證的人上人！但別以為天蠍真的是「床頭吵床尾合」的女人，因為她們就算床尾合，也是假裝合，後面一定有陰謀。她們不隨便遺忘，也不

隨便原諒。

　　天蠍女在愛情上非常容易心軟，只要男人宣示效忠，她就會濃烈地愛下去，甚至做出「等門」、「等床」的痴傻行為。她愛面子也到了很可愛的程度，如果別人不知道她的男友有多優，天蠍女就會把他誇上天：「這是他幫我做的。」可是如果鳥來伯稱讚她男友，她就想跟自己的男友比：「屁！他哪有好，什麼都是我在做。」真不知道她是小女人？還是大女人？還是純粹不喜歡我誇獎她男友？

　　有時，鳥來伯覺得她們是雞腸子的小人心。或許別人根本沒有要害她，她已先把人家想成假想敵，打從心裡防著，莫名其妙判下死刑，也許，這種如後宮佳麗爭寵般憚盡心慮，寧可負天下人的心態背後，是不安全感與寂寞環繞吧！

　　她們秉持人性本惡，好的會償還，壞的也給利息；她們生要見人，死要鞭屍，能用一顆子彈解決的，決不浪費第二顆！

卡門一般的女人 —— 天蠍女

sm 10 10 10

　　天蠍座的人有一種異於常人的冷靜，這源自於他們小時候見識過一些孤寂、一些殘酷，所以很多天蠍座相信人性本惡，是厚黑學的信奉者。天蠍的核心價值是「占有」，並佐以下棋般的布局，順著她不行，會被她看扁並且吃得死死的；得罪她或壓過她也不行，她會把你當成敵人，並且記恨一輩子。

　　跟天蠍女交往，好處是全方面的親密感，缺點則是全方位的窒息感。天蠍女那與生俱來的靈媒直覺與偵探本領，加上女性的性感與柔情，真是徹頭徹尾的愛到無路可退。

　　天蠍女也是「只准州官放火，不許百姓點燈」的狠角色。因為她們是不跟你交換條件的，她們可不會用你的忠心不二交換她們的忠誠，畢竟天蠍的慾望無邊，才不會因為你一個獵物入袋就滿足。

　　說了這麼多天蠍女的壞話，也不得不提提她們的優點，她們膽大心細、勇敢，又細膩激情，渾身充滿致命的吸引力，跟她們談戀

愛，就像跳一場華麗的探戈，像知名的探戈舞曲〈卡門〉的歌詞一樣，「你要是愛上了她，你就自己找晦氣，她要是愛上了你，你就死在她手裡！」想談一場轟轟烈烈的戀愛，非找天蠍女不可！

大家都說天蠍女是耍手段高手，不過，她們之所以會費心搞出這麼多手段，是因為她們的控制慾很強，不惜惹來罵名與一堆麻煩，也要先占有了再說。

我有個朋友，她的客戶就是個天蠍女，人稱「奧客女王」。一般客戶喜歡拗贈品不稀奇，奧客女王愛拗的程度，簡直到了匪夷所思的地步，是贈品一定拗，連根本就不是贈品的東西也要拗。一般等級的禮品對她來說根本就沒有吸引力，硬摘的果子比較甜，她就是要拗到那種沒人拗得到的東西，才有成就感。

跟牡羊女、射手女不同，天蠍女連上床都有一番心計。她們不喜歡蠻幹硬上，厭惡那種進了臥室就自動把衣服脫光的男人，「這樣一點情趣都沒有！」天蠍女總是這樣說。

「不過這種事情我不會明講，」當然，天蠍座嘛！「我會故意把日光燈全部打開，然後故意東摸西摸，開電視讓他看、遞上飲料，再說『我先去晾個衣服』，等他冷掉了，我再回來重新啟動他。」她的名言是：「我就是DJ，性愛的前奏高潮低潮操之在我！」真是無所不在的控制慾。

天蠍女很討厭對方沒洗澡就坐上她的床，更別提在她床上吃東西了。「我自己倒是可以在床上吃東西的。」天蠍女說：「因為我自己在床上吃東西絕對不會弄髒，別人的話，我可對他們不放心。」原來還是脫離不了控制慾啊！

當她的月亮在天蠍

太陽天蠍與月亮天蠍的不同之處有幾個地方，首先，太陽天蠍的控制慾屬於明著講的三令五申，會不時地宣告主權；月亮天蠍則不明講，可是，屬於他們的東西，絕不可能鬆手。其次，天蠍們都是布局高手，做任何事、說任何話之前，都在心裡預演過一遍，也推演好了後三步棋該怎麼走。太陽天蠍的招數比較光明磊落，讓你不知不覺就入了她們的局，但事後回想起來，不得不佩服她們設局的巧妙；月亮天蠍的招數不像太陽天蠍這麼有條理可循，她們往往訴諸情緒，用情緒的力量牽引你一步步進入棋局，達到她們的目的。

Tips

如何搞定天蠍女

1.死心塌地
天蠍女可不是那種少根筋的傻女，占有慾又強，如果你生性不安分，跟天蠍女生交往，恐怕只有你死我活的激烈下場。

2.保持性感
俊男美女人人都愛，但是，光是外型好看不見得就是「性感」，天蠍座自己性感，也喜歡性感的人事物。幾個好色的星座中，各個喜好都不同，金牛座喜歡豐腴的傳統美；獅子座喜歡艷光四射的明星氣質；天蠍座喜歡的只有性感。性感又很多種，暴露是一種性感，若隱若現也是，披頭散髮是性感，血腥暴力也是性感，要想吸引天蠍座的目光，性感絕不能少。

3.保持神祕

天蠍女是令人難解的謎樣女性，也是天生的偵探與靈媒愛好者。如果你清淺如一碗自助餐附送的湯，怎能激起她們窮追不捨的征服慾呢？所以，保持無傷大雅的神祕感，會讓天蠍女更加注意你。

說幹就幹射手女

鳥來伯

　　射手女是全天下最隨性的好人星座，不拘小節，隨性自在，跟她們相處無恐無懼，永遠都有笑不完的事情。

　　有位跟我共事多年的好同事，是一個名符其實的率性射手女。比起情緒起起伏伏的鳥來伯，我真的很少看到她心情不好，因為她實在有太多立刻就可以讓自己爽過來的方法。

　　她號稱「說走就走之看心情辦事」女王，人家說「計畫趕不上變化」，就是在說她。每天上班騎機車把自己搞得灰頭土臉很不耐煩，射手女中午出去買飯，竟然就轉去銀行，快速貸款買了一台小車！前後不到一小時！一切的一切，不是說她財力有多雄厚，而是：她想要，就要馬上去做；做完，就跟小孩拿到玩具那樣開心得意，就是這麼簡單！

　　例如，有天被老闆罵到臭頭，射手女幹在心裡，但是，下一秒，想起熱帶島嶼上的發呆亭在跟她招手，就順手上網訂了兩天後的

「機加酒」行程，瀟灑地把專案丟了，出國消遙去。在她心中，沒有「不負責任」這件事，因為她知道，渡假回來心情會更好，處理事情更有效率，「我當然要先去玩啊！下週再見！掰掰！」她用E-MAIL告訴大家，就像在說她要出門買杯咖啡一樣隨性。

說到旅行，大家去自助旅行前，不是都要上網做點功課，買些旅遊書來參考一下嗎？但射手女不是，她只是上網隨便瀏覽，前一天才開始整理行李，當天到機場書店才買旅遊書，上了飛機再翻翻。鳥來伯問她：「下飛機後第一餐要吃啥？」她只回答我：「隨便，路上有啥就吃啥。」就轉頭呼呼大睡了，完全是一種老神在在，沒在怕的隨便走。跟她自助旅行，簡直是渾沌罩頂。

鳥來伯自助旅行，都會事先規劃：例如：今天去原宿，明天去迪士尼，後天逛回新宿，一定是大範圍先計畫好，到定點再看著辦。射手女則是心中無地圖、無想法、無大志的流浪者，第一天先睡到自然醒，再看心情決定要不要出旅館。鳥來伯每次看她在床上慢慢摸的死樣子，實在很想拿檯燈砸下去。拜託小姐，來東京自助旅行才四天三夜，分分秒秒都很珍貴，也很「貴」，把黃金時間都浪費在飯店裡賴床，是明天要準備投胎是嗎？東京耶，妳以為是花蓮喔？但射手女就是「唉唷，幹嘛斤斤計較，等一下啦～～」真是不負責的怠惰懶散。

但是，當她清醒開始上路時，就很積極了，她雖然不知道要去哪裡，卻很積極地「不知道要去哪裡」──這真的是很神奇的生活方式。也就是說，她在路上看到什麼都很有興趣，跟過動兒一樣，吃的喝的，看到新鮮貨就一定要嘗試看看，也不管後果。

有一次我們去馬來西亞，海灘沿路小販賣一種吃下去就要回家抱

馬桶拉肚子的奇怪醃果子，大家敬謝不敏，只有射手女就是要吃：「既然來了，就試試看啊！大不了命一條給他啦！」還有一次，我們在紐約買到一條暫時性的螢光染髮膏，她硬要馬上抹在頭上，一直拉著我們回旅館，想趕快看到效果……大家都懶得理她。她竟然趁我們在速食店吃中餐時，跑去廁所把染髮劑抹在頭上，整頭頂著藥水味，怡然自得地走出來，跟我們一起吃薯條漢堡。臨桌的紐約人雖然平常見怪不怪，但看到這觀光客這樣胡搞，也不禁側目指指點點，我們則是裝作不認識這肖婆。十分鐘後，她又旋風似地衝進廁所，用廁所工作間的水管沖掉染劑，還用擦手紙擦乾頭才出來，很開心地問我們：「變色沒？變色沒？」等我們都一一點頭了，她才滿心歡喜地，帶著濕淋淋的新髮色，前進下一個購物中心。

她男友說，她這種既衝動又不計後果的個性，搞得交往時，他得像老媽子一樣跟在後面收拾。尤其去HOTEL，射手女是標準的兩光傻大姐，總是傻呼呼地丟三落四。常常到要離開時，才發現床邊落了一條內褲，或是把情趣玩具忘在沙發上，等到下一次要用時才「啊！」地猛然想起。

她到男友家過夜，洗完澡就裸體跑出浴室，飛快地躍過客廳，完全沒意識到男友的爸媽正在看電視，直到男友大叫，她才：「喔……對吼，忘記啦！」再不然就是任意把跳蛋丟在書桌上，第二天不小心被男友媽媽看到，失德到男友都想咬舌。射手女也常常忘記危險期是哪一天，每次都是男友射精達陣後，她才突然：「啊！會中！」但是大叫後，還是吐吐舌頭接那句：「管他！大不了命一條給他啦！」

當她同事，常常覺得她沒帶腦子，她有一次還曾經把網路轉載

的「翹班秘訣」E-MAIL給同事,卻不小心按到「群組」,連上司跟大老闆都收到了;因為健忘,所以常買了兩本同樣的雜誌,「嘻嘻,難怪我總覺得好像枕頭旁也有,廁所也有,走到那裡都看到這本雜誌!」;她也常「202」公車看成「262」,渾然不覺地坐過好幾站,看到窗外景色與平常不同,還以為大概只是司機繞路而已;或是誤訂餐廳或看錯電影時刻表,讓大隊人馬到了卻一陣尷尬,「啊!我明明有檢查過耶!」有夠不可靠!

雖然她那麼白爛,但如果我是男人,我會愛上射手女。我喜歡她們說幹就幹的爽朗氣魄、好奇嘗鮮的冒險勇氣,遠比多數的扭捏做作女,還自在好懂多了!

找不到人的女人 —— 射手女

sm101010

　　射手女與射手男一樣，兼具人類的智慧與獸類的活力——這麼說當然是有點美化，射手座對於旅行、法律、歷史等等知識非常淵博，又經常莽莽撞撞、粗枝大葉，讓人難以想像這兩種矛盾的特質該怎麼融合在同一個人身上。也就是說，雖然射手們非常有學問，而且行萬里路讀萬卷書，交遊滿天下，但他們也是人盡皆知的白目大王。

　　射手女有幾個關鍵字。一個關鍵字是「外國事物」，她們不排斥「吃西餐」，也不害怕嫁給外國人，她們是很容易也樂於移民到外國的人。她們還有一個特質，就算沒辦法常搬家，家裡的家具也會一直挪來挪去，沒辦法，她們就是好動嘛！

　　第二個關鍵字是「大方」，受到射手座的守護星木星的影響，她們天生樂觀，從來不知道小心為何物，是一群過分有安全感的人。這種特質通常來自小時候長輩的放縱與錯誤的鼓勵，導致射手女不

知道有顧忌與節制這回事。搞不好她們小時候當眾耍白目，媽媽還覺得小孩好棒、好活潑，身邊的人可能都快氣死了。

第三個關鍵字是「健忘」，射手女的健忘有兩個原因，第一是被其他事情所吸引，第二是她們不覺得你跟她們斤斤計較的事情有什麼好嚴重的。她們永遠不知道你在急什麼，在她們的生命中，恐怕沒有什麼不能承受之重，只有好不好玩，沒有重不重要。她們性子急，卻是急著去玩，而不是急著做正事。對她們而言，世界就是一座遊樂場，玩樂就是人生的正事。

除了牡羊女之外，射手女家裡的亂也是四海馳名。牡羊女只是愛隨手亂丟；射手女生則是突發奇想，時時有些「絕妙」的布置構想，卻半途而廢，不久後又出現另一個「絕妙」點子，結果外人只看到一個亂得嚇人的房間。

我有個射手朋友，她出去像丟掉，回來像撿到，尤其熱愛續攤，只要有人提得出下一攤，她一定興高采烈玩到不肯回家。對於「以朋友為先」的射手女，要叫她們不跟朋友出門，乖乖跟你享受浪漫的雙人約會，恐怕得半個月前預約，更氣人的是，就算提前預約，她們到了當天還是經常忘了要跟你約會這檔子事。

在十二星座中，粗魯的射手女，也是最常發生閨房意外的高危險星座。她有一次突然告訴我說：「我昨天跟我男友做到一半就吵起來了，」射手女真的比較口無遮攔。「他說我拗到他那裡了。我哪有？」不過照我對她的了解，沒事就摔跤，連上廁所都會夾到手的她，把對方拗到這一點都不稀奇。「既然拗到，那就不能繼續了啊，所以我就跟朋友約了去看電影！」把人「拗到」之後竟然還要出門，果然是神經大條的射手女才幹得出來的事。

當她的月亮在射手

太陽射手討人厭的地方通常是嗓門大、打翻東西、粗心、得罪了人也不自知。月亮射手不同的地方則在親密關係內的範圍呈現，她們在親密關係上極度需要自由，也有承諾恐懼症，要當月亮射手的另外一半，你永遠不可能獨占她們的芳心，因為月亮射手永遠把朋友看得比另外一半重要。

Tips

如何搞定射手女

1.給她自由
射手女生熱情大方，不過，跟她們交往得知道一件事情：愛情誠可貴，友情價更高，若為自由故，兩者皆可拋。

2.勇於善後
射手女玩興很好，但是忘性更好，經常忘記做過的事情，忘記該帶的東西。尤其要注意，明明智慧很高的她們，總在長輩面前不慎現出不修邊幅的一面，如果要帶她們回家見爹娘，恐怕得先來個行前教育，免得嚇到長輩。

3.善於應變
跟射手女出門，要適應她們活在當下的習性。舉個例子來說，她們旅行不是沒計畫，但計畫通常是「時間：玩兩個禮拜；預算：十萬元。以上。」她們絕對不像處女女會仔細規劃行程，因為計畫永遠趕不上變化，何況，當下覺得怎麼玩最好玩，就應該這麼玩。其實別說是出門，她們的人生也是處於這種變化大於計畫的狀態，要跟她們在一起，就該好好享受她們這種天性，別用死板板的計畫綁住她。

苦盡幹來摩羯女

鳥來伯

不要說摩羯女乏善可陳，在她們簡樸的外表下，往往是鐵、是鋼、是苦情阿信的鮮活靈魂。

我們公司裡管行政的同事，就是個摩羯女。常一副眉頭深鎖的樣子，好像被什麼卡到陰，她像天生下來就被指派做這工作一樣的合情合理，瑣碎仔細的行政工作真的只有她才能應付得來。那些數字、表格都是鳥來伯很頭痛的，每次看到摩羯女不急不徐地處理資料歸檔、報帳請款的工作，真覺得她是神。她總能在眉頭深鎖之後，生出漂亮明確的文件。

剛開始，摩羯女應該很討厭我，因為鳥來伯是標準風向星座，做事隨性，這一點摩羯女完全不能接受，因為她做任何事情之前，都已經先想好預算跟後果。例如，公司中元普渡最好玩的事情，就是去超市「假借好兄弟之名，行自己愛吃之實」之大採購。她會事先列一張表，要買啥、買多少都清清楚楚。到了現場，大家瘋狂選零

食時，摩羯女就跟小丸子裡面的「野口」一樣，突然飄黑影出來悠悠地說：「已經夠吃了！」完全掃興解HIGH，說真的，她或許希望人家覺得她很幹練，但是人家卻總覺得很幹……

相處久了，鳥來伯知道摩羯女其實不是故意難相處的，她也想壞，但壞不到哪裡去。就像每次主管出國出差，公司內開趴的打混的翹班的，只有摩羯女還是乖乖地杵著做分內的事情，非常自立，只有偶爾跟暴民們哈拉，或吃午餐晚點回來而已，不會擺爛到哪裡去，不會超越內心那條線。她也夠上道，不會告密，適合當「把風的」，不會下海去偷拐搶騙。我覺得她這種人最猛，身處暴風眼，卻又比暴風眼更安定！

摩羯女天生不知道啥叫做「甜言蜜語」，有時候我偷聽見她跟男友講電話約見面，「七點，公司樓下，帶傘！」超像跟客戶談論合約的公事公辦，實在很同情她男友，真想搶她話筒過來呻吟一下，讓她知道啥叫「撒嬌」！

她說話不中聽又超直，直到讓人想在她嘴上貼膠帶。有一次，我帶她去朋友新開的餐廳吃飯，老闆上菜時介紹：「這道菜口味很特別，很清爽，是店裡的人氣喔！」摩羯女一吃，撇撇嘴說：「還好啊！哪裡特別？」鳥來伯趕緊使眼色給她看，心想：「都已經是吃免錢了，嘴不能甜一點嗎？」摩羯女還很夭壽地繼續說：「我有說錯嗎？就沒特色啊！」我抬頭看我朋友，叔叔，她只是孩子，別介意喔！

在摩羯女眼中，好就是好，不好就是不好，「我就是這樣說，沒錯啊！」直到大腸去！啥叫場面話？她不懂，但這樣其實有一個好處，她不轉彎抹角，很容易知道她喜歡啥不喜歡啥，跟她出去決定

事情很快，「我不想吃牛肉，但火鍋跟烤肉都可以。」這樣就很好溝通。摩羯女會用「大方向」跟人溝通，但不會強勢地做決定，不像獅子女那樣，不聽我的就給老娘閃！

摩羯女喜歡跟人家分享划算省錢的撇步，她會花大錢買一件很好的外套，但出去吃小攤子時反而批評東批評西，漲個五塊十塊的，她就會不爽，但鳥來伯卻覺得：「漲就漲啊，我們又不是付不起。」這也是為何，她房子一棟一棟接著買，我只能鞋子一雙一雙買的原因；說到錢，她真的是注重「划算」與否的，與其說是很會利用資源，不如說是努力地「使自己的現實利益最大化」。

最簡單的例子，是她不喜歡浪費時間，最愛特效藥，為達目的，什麼方法都肯試。皮膚不好，頭頂長痘痘，她可以一晚上狂吃維他命B＋Q10＋敷三張面膜＋八點滾去睡，所有方法一起來，不怕麻煩，只因為她想要，而且一定要有效！

之後，鳥來伯跟摩羯女關係比較好，是因為談到了性愛。我發現她起初很害羞，怎樣逼就是不說，後來才知道，她做愛才不會搞什麼氣氛之類的，前戲完全不囉嗦直接來。男友要求啥體位她不會的，就會來找我討教，孜孜不倦，在廁所要我用大玩偶示範動作給她看，一步一腳印，踏踏實實做遍每一個姿勢。有時我不耐了，跟她說：「管啥姿勢，會爽就好！」她卻還是拚命練習，好像下週要公演一樣，你只要想起她記帳時的那份認真，就會知道她的男人會有多幸福！

大家都以為摩羯女的性愛一定很悶，其實她根本就是耐操耐磨的床上達人，她可以一直悶著頭做很久，像在完成什麼紀錄，連男友都招架不住，而且為了怕男友射精後沒戲唱，會在重要關頭停止，

抓緊對方老二，催眠對方：「深呼吸，冷靜，你並不想射，你並不想射……」等到對方下去又起來後，她再繼續發功。

摩羯女很厲害的是，她們在性愛上常有「功能導向」。比如，她會交三個炮友，一個專攻約會用（有錢浪漫肯付錢的），一個年輕勇健小狼犬，一個持久耐幹技巧多。因為，她上床就像上館子，可以交幾個自己分類得很清楚，今天想吃辣，就去川菜館；明天想吃肉，就去吃到飽；後天想吃素，就去素菜館。完全是你看不出來的摩羯女，讓鳥來伯深交後也感到驚喜連連！

而且，她做完愛還能上MSN跟同事討論隔天要交的結案報告，馬上回到韌性堅強的職業婦女模樣，這樣堅持「該做的還是得做」的責任感女神，苦盡幹來，怎能不令我們尊敬？

現實的女人 —— 摩羯女

sm 1 0 1 0 1 0

　　摩羯女表面上把愛情看得很輕，其實卻很需要情感的支持。她們對很多東西都不在意，出去吃東西嫌貴、出去玩嫌麻煩、買奢侈品嫌浪費，因此經常仰賴另外一半提供舒適的環境，好讓她們舒服地休養生息。

　　摩羯座的專長就是布局與謀略，可以用「愛的謀略家」來形容她們。世界上很多事情講謀略很有效，比如經營公司、從事政治，可是，愛跟親密關係卻不能講謀略的呀。

　　摩羯們有著遠大志向，不像貪戀美色的牡羊座，或顧家而不敢衝的巨蟹座。摩羯座雖然嘴巴不講（當然，因為摩羯不會隨便得罪人），心裡卻對那些胸無大志的人有點鄙視。

　　摩羯女的孤絕感源自於童年時期家人的冷漠，她們長大之後一方面渴求童年所缺乏的親密關係，可是苦無模仿對象，只好用後天學得的技術去補強，不過如果補強的方向不對，往往令人哭笑不得。

尤其摩羯座注重投資報酬率，極度務實，簡直是把感情當成投資基金，一旦付出就會要求有回報，否則難以甘心。

政治是展現權力與謀略的最佳舞台，而摩羯座最大的興趣就是權力鬥爭，大部分的女生都討厭政治，只有摩羯女除外。我有個雙子朋友跟摩羯女交往，他愛看不花大腦的綜藝節目，摩羯女卻偏愛政論節目，而且每次搶遙控器都搶不過她，只好一天到晚跟著聽政論分析。

而雙子男的童心未泯對摩羯女也是一大磨難，有一次雙子男興高采烈地買一套米老鼠情人裝當情人節禮物，還計畫一起穿著情侶裝去餐廳大吃一頓，看在摩羯女眼裡真是有苦說不出，為了婉轉地拒絕，竟然到廁所裝吐來逃過一劫。

不過他們兩個最大的困難還是在床上。雙子男非常壯碩，而摩羯女身材嬌小，每次做傳教士姿勢都擔心自己會被雙子男壓扁。可是，說要換個姿勢嘛？她又覺得其他體位都是邪門歪道，想到就臉紅，更別說親身體驗了。（至於是什麼體位？我再三拷問都問不出來，沒辦法，摩羯女總是很害羞……）

還好足智多謀的雙子男不斷研究精進，務求可以在「只有一個體位」的限制下，再配合各種道具讓雙方都滿意。不過他們的奮戰細節，我想我恐怕無法從守口如瓶的摩羯女口中得知了……

當她的月亮在摩羯

太陽摩羯專注於事業，完全不管家庭。月亮摩羯則很用力「想」要有個好的家庭，可是不容易得到。太陽摩羯還比較好辦，雖然她們有遠大的志向，卻不見得會妨礙她們回家後的家庭生活；而月亮

摩羯常把親密關係當成事業在經營，搞得自己跟情人都很累。

如何搞定摩羯女

1.溫柔一點

摩羯女有個令人詬病的缺點，就是她們不懂溫柔，就算懂得耍一些溫柔小把戲，也是辛苦學來的，所以跟摩羯女在一起，你不妨扮演溫柔的那一方。

2.不求回報

摩羯女雖然不懂溫柔，但不表示她們不需要溫柔。她們也不善於表達，但是不表示她們不懂感激。所以對摩羯女付出多一些，要有點不求回報的心理準備，她們不是不回報，只是動作慢了些。

3.要有目標

摩羯女做人處事都很認真，戀愛上更是絕不做浪費精力的事。如果你只打算隨便玩玩，最好一開始就別跟摩羯女鬼混。

機車壞胚寶瓶女

鳥來伯

　　大家都知道，鳥來伯是標準道地的寶瓶女，我不禁要說，寶瓶女真的蠻機車的！

　　高中時有個跟鳥來伯很要好寶瓶女同學，她也是個明知故犯的壞胚子。腿不是很美，但制服裙硬是要改短到膝上，奶也不大挺，但就愛在有點透明的制服裡內搭黑色胸罩，一字謂之騷，騷給男校同學意淫，騷給教官罵，騷給快要四十歲的害羞男老師看。她心裡想：「老師你罵我啊？說我壞啊！」你說，寶瓶女是不是很故意？

　　她厭惡同樣的事情做兩遍，只要鳥來伯一直說同一個話題，她就會開始挖鼻孔、玩鼻毛，或是頻頻望著窗外，簡直比我難相處十倍！我已經覺得自己活在時代的尖端了，竟然還常被她罵不思長進，安於現狀。我真的很佩服她，她總是在想明年的現在她在哪裡她要幹啥，這哪是我們這種死上班族可以想像的遠大胸懷？

　　這種不安於室，常讓她那很愛管人的天蠍座男友擔心。她不是

不忠貞，只是「安定」兩字不會認。男友常跟她說：「妳等我，我事業一穩定就結婚！」她不像其他女生聽了會感動掉淚，只會更加鄙棄這男生，覺得男友小鼻子小眼睛的：「切！只能想著小情小愛嗎？沒有別的事情好做了嗎？」別人越想駕馭越想圈住她，她就越想往外跑。她有一種很要不得的個性，就是不吃軟也不吃硬，男友示弱，會被她看扁；男友耍酷，會被她故意冷落。說真的，當她男友很累，既要順著毛摸，又要適時閃她一下！

不要認為寶瓶女很無情，她對遠方的人事物很悲天憫人，看到天災人禍，她會去匯款賑災。有一年，台灣生出很多災難，她常看到電視就立刻收拾行李，請假趕去災區幫忙，煮飯跑腿照料災民，比戰地記者還勤快。她的男友很難想像她是如此溫柔體貼的善心人，平常他遇到挫折，跟她抱怨，她第一次會聽，第二次就愛理不理，還反問他：「是不是男人？屌還在嗎？」但是，她卻可以對陌生人化身為泰瑞莎修女。可見，寶瓶女對於人性的憐憫，似乎不放在男友身上。

她腦筋跑太快，超沒耐性，嘴很銳利，喜歡直來直往、可以與她腦力激盪的男人，最嫌棄想追又不敢追，只敢搞曖昧的蹩腳男人。面對男人在MSN上搞曖昧玩「釣魚」，要知道寶瓶女可不是省油的燈，像有一次，對方開視訊前，說自己「門牙很大」，想以退為進博取同情，她不像一般女生說：「沒關係，門牙大很可愛啊！」她卻說：「門牙大？那不就看不到你的臉？還需要開嗎？」讓想追她的男人怯步到外太空去！

我們公認她下地獄之前一定要先學好手語，因為她嘴巴太賤，一下去就會被牛頭馬面割舌頭。話說回來，寶瓶女最不喜歡搞神祕，

來一個笑臉圖示就下線的男人，以為會吊足她胃口，豈知這樣做其實是反效果，她才懶得去揣想對方的心思，她根本不急，光看男人耍曖昧猴戲，她就想打哈欠。

寶瓶女最怕單刀直入的硬漢，不大膽的男人罩不住她，所以交往以熟男居多。因為熟男不像年輕人廢話一堆愛繞圈圈，會直接說：「妳覺得我們有交往的可能性嗎？」直接一句，她就癱瘓了。只要男人有點內涵，敢跟她談天說地過招，那她就會從崇拜裡衍生愛情。由於不愛「沒屌男」，所以性愛上她是百分百愛大男人的，動作溫柔、態度堅定，想推倒就來推倒，沒在問「可不可以」的。

她的創意總是讓人意想不到，像是偷偷把陰毛用透明膠帶貼在男友的筆記型電腦螢幕上，讓他第二天上班做簡報時，一打開電腦，就一根毛飄啊飄的，被同事虧到趴在地上。她也喜歡稀奇古怪的情趣玩具，不只在乎新潮，更愛多功能、多段變速、手腳要很忙很靈活的、花腦力、最難上手的，或是最冷門的。例如，「情色大富翁」這種遊戲她就很愛玩，男友想做愛，不能隨便把玩具嘟到私處上面抖一抖就算了事，玩贏她一場大富翁，才能換得她張開雙腿！

她很慢熱，男友要挑逗很久才會有FEELING。原因是她容易分心，男友在下面舔得很賣力，她在上面卻靈魂出竅，直想著：「昨天看的書到底後來結局會怎樣？」、「奇怪，有一張CD到底放哪裡，怎麼找都找不到……」等她會意過來，還突然問男友：「欸，你記不記得我有一張CD放你那邊？」搞得口愛半天的男友，氣到差點塞石頭進去！要說她很不切實際，還是太過實際了呢……

明明是去HOTEL做愛的，她卻只把「做愛」當成是附加目的。她會在CHECK IN時突然對櫃台工作好奇，站在那邊跟服務生哈拉很

久，聊到男友頻頻看錶；或是在電梯遇到打掃的歐巴桑，就詢問她們的工作內容跟發生過哪些趣事，問到真正進房間時，可能時間早就過一大半了。有一次她還把Wii帶去HOTEL，手舞足蹈地玩拳擊比賽，中猴般狂叫：「電視好大！房間好大！爽呆！」男友洗澡出來原本興致勃勃地準備要撲倒她，看到此景又降溫了！

可是，每當男友抱怨：「跟妳交往，我根本跟禁慾沒兩樣嘛……」她又會很死相地說：「肉粽也是肉啦！禁個屁！快點過來抱一下！」你是不是想問，寶瓶女的頭腦到底都裝啥？

前衛的女人 ── 寶瓶女

sm 1 0 1 0 1 0

　　對於談戀愛而言，寶瓶座真是個奇怪的星座。他們經常劈腿，卻不是因為好色（如牡羊座）；他們很不專心，卻不是因為神經大條（如射手座）。寶瓶的基本能量是有創意，不受拘束，所以很多觀念傳統的老師一定很不喜歡寶瓶學生，他們總是不停的質疑，對所有的規定都有一套自己的想法──「為什麼要穿制服？」、「為什麼遲到要處罰？」

　　寶瓶女在親密關係上的優勢是很能調適自己，不會被情所困。缺點是跑得太快，另外一半跟不上的話會很辛苦。寶瓶座很沒耐性，如果你無法常常給她新鮮感跟刺激，她就會鬆手把你給扔了。

　　不管是在大公司當職員或者在大家庭當世間媳婦，都會讓寶瓶女渾身不自在，越是傳統的外在環境，越讓她們痛苦。寶瓶女是很平等的，她們既不會大女人，更不會小女人。她們有很高的自我標準，但絕非約定俗成的道德規條。

自我主張強烈的寶瓶女就算不說出口，卻總是把「沒有在怕的啦！」這句話掛在心裡。我有個好幾顆星都落在寶瓶的麻辣朋友，她長得端正美麗，可是不開口則已，一開口總是嚇壞一票人。

她在保守的日商公司上班，日本的歐吉桑非常無聊，沒事就喜歡吃吃小女生的豆腐。有一次她跟兩個日本前輩搭車外出，歐吉桑開了黃腔：「妳有沒有跟男友去洗溫泉啊？」滿心期待寶瓶女會羞紅了臉，還害羞地說回答：「哎呀討厭！不告訴你！」誰知道寶瓶女衝口而出：「當然有啊！在溫泉飯店做愛最舒服了！」這下輪到歐吉桑面紅耳赤。事後有其他的同事婉言勸告她，在日商公司裡頭言行還是保守些比較好，但她可不這麼認為：「幹嘛這麼虛偽？這樣很無趣耶！」

寶瓶女有一次出名的劈腿事件。被劈的兩個苦主，一個是從大學時就交往多年的男友，一個是現在公司的主管。雖然她與舊男友感情穩定，但事業有成的主管可以帶給她更寬廣的視野，所以乾脆同時交往。寶瓶女可不像射手女這麼粗心大意，劈了好久都沒有穿幫。最後是因為交往多年的男友突然獻上求婚鑽戒，她實在不願意再隱瞞下去，只好實說。當場浪漫求婚的驚喜變成一場驚魂記。

寶瓶女就是這樣，她可能有時劈腿，卻永遠不齒隱瞞，她不是不懂得人情冷暖，只是她認為人世間的虛偽，是低估了你的智慧，也低估了她的感情。

當她的月亮在寶瓶

月亮寶瓶的人，都希望自己在家庭生活與親密關係上能自由自在且不受束縛，不過說起來有點不公平，儘管現在進入了二十一世

紀，女性在這方便的限制還是遠大於男性。舉個大家最熟知的例子，戴安娜王妃就是個月亮寶瓶女，儘管她充滿寶瓶座的博愛精神，是備受愛戴的慈善家之一，卻受困在皇室大監獄裡，上有女皇坐鎮，一舉一動都得謹守皇家禮儀，本來一般平民百姓結婚離婚也屬平常，可是皇室婚禮要結不容易，要離更不容易，困在婚姻裡的月亮寶瓶女，終於罹患憂鬱症。

如何搞定寶瓶女

1.有本事一點

寶瓶女很恐怖，如果你的才華或眼界沒達到她的標準，她們立刻在臉色上給你難看。沒有三兩三，最好別碰寶瓶女。

2.自由一點

寶瓶女對所有不公平的事情都不能接受，不管是上司、長輩，乃至於社會公序良俗，一概不放在眼裡，如果你想用以上這些東西困住她，就是自找罪受。

3.平等一點

雖然寶瓶女不當小女人，但她們不會仗著自己有才華來欺負人。相對的，她們也不能接受別人對她們有什麼不公平的對待。

柔弱活蝦雙魚女

鳥來伯

　　十二星座裡最有日本女人溫柔美德的，就屬雙魚女了，素稱鋼管粗線條的鳥來伯，一直與她誓不兩立！

　　所謂誓不兩立，不是仇人，而是彼此覺得對方是神經病！我最親愛的妹妹，就是標準的雙魚女，朝夕相處二十五年，常常被她細膩的心思嚇掛。她單憑我回家甩鑰匙到鞋櫃上的方式、杯子擺進冰箱的位置，便可發現我心情好或不好，那真是我自己從來沒注意過的細節。她發現不對勁也不明說，隔天先傳個簡訊來試探，再慢慢聊，層層推進；哪像鳥來伯沒啥神經，就算連盲人都看到她眼淚掛臉上了，我還缺腦地問：「妳眼睛怎腫啦？沒睡好喔？」正在情緒低潮的雙魚女，絕對想當場掐死我。

　　我最受不了的是，她很喜歡幻想自己成為某個情節的女主角。跟她看完大島渚的《感官世界》，裡面女主角因為忌妒男人跟他妻子，一氣之下把男人的命根子切掉時，鳥來伯邊看邊啃鴨翅，吐

了一口骨頭說：「那男的老二也要有點彈性，不然那女的一刀剁不斷，還在上面鋸鋸拉拉，多難看！」可是，雙魚妹就好像看了史詩大鉅作一樣，杵在沙發上默默沉思消化，過了半天才嚮往地說：「人一生，就要這樣愛一回……」隨後又自言自語說，如果她的男人怎樣，她會在電影的情節裡怎樣怎樣……媽啦，瘋子，我彷彿看見花瓣都飄落了！真懷疑她看到自殺跳河、拿菜刀的肖查某橋段，會不會偷學起來，哪天用在倒楣男人身上，還自以為很淒美咧！

以前鳥來伯覺得自己在人群裡很吃得開，但跟她比起來就遜了。寶瓶座是交友天下，雙魚座則是單點攻陷，完全進到人家心靈骨頭裡去交朋友，這一點是最可貴，也最可怕的！因她為很敏感，總是知道別人要什麼感覺，也超級需要被尊重，朋友跟她說話，她都愛抱怨：「到底有沒有在聽啊妳？」人家真的有！哪怕是聽到一半偷瞄電腦螢幕一眼，都會讓她很受傷，跟她說話好像在上課，她累死，對方也累死！

我妹就是會把生活切得細細的女生，很愛在腦袋裡自導自演。例如，出去吃飯經過哪條路、哪家餐廳、跟哪個店員打招呼、店員說啥、菜吃啥、吃完後走哪一條路繼續下一攤……，都會在她腦袋裡面編成劇本，彷彿金馬獎加大愛獎編劇鬼上身。

所以跟鳥來伯出去，常常會讓她發脾氣，因為我不按牌理出牌，約好餐廳，但路上突然又想改，最後說不定不吃飯，想買小吃去看電影，每次這樣她就會開始憂鬱，這我就想不通了，凡事不能有彈性嗎？有一次她幫我慶生，我臨時改地點，她就一副「又來了」的表情。欸！我壽星耶我最大耶，後來才知道她蛋糕跟花跟電影票都訂好了，一改就全完，蛋糕會融化、花會送錯家、電影來不及。她

為了這天已經布局很久了，貼心地讓我慚愧不已，再隨性我就不是人了！可是也很討人厭，她自己演得很爽，幹嘛我得配合咧？因為她楚楚可憐，別人要是不配合，就該去殺頭。

當她男友不知是幸還是不幸。這種愛琢磨的個性，常讓她陷入情網時既快樂又苦惱：「他適合我嗎？如果他愛我，他這時應該要傳簡訊過來；他怎麼不來載我呢？可是他又有訂餐廳，這樣算是愛我嗎……」她會抽絲剝繭，要推翻或證明這個人體貼與否。例如，她要男生幫她吹頭髮，看看會不會被燙到頭皮（90％男人會死在這一條裡）、騎機車時觀察男人會不會先幫她打開腳踏板、吃飯有沒先給她看菜單、挑鹽酥雞是先挑自己的還是先挑她的。我一聽都暈了，這麼細心的男人，可好找？不過，如果她先愛上了他，一切都沒關係。

她可以為男人奉獻到底，看過日本女人吧，雙魚女就是那樣，男人跟死屍般癱在浴缸裡，她會幫他全身上下洗乾淨，連牙齒都刷好，穿好衣服鞋子襪子，男人只要睜開眼睛出門就好。（鳥來伯語：對方殘了嗎？）性愛上她有求必應，別的女人越不願意做的，她越來勁。男人的腳趾頭，她能一根根細心舔食；男人要玩後庭花，她痛歸痛，還是會開心地翹起屁股；男友喜歡SM，她乖乖奉上鞭子；男人不愛死魚，她感冒失聲也要叫得屋頂快掀開；要她當妓女，她可以跪著從電梯一路口交到臥房，專業透頂。她一方面嬌弱卑微得讓男人飛上天，一方面活力滾滾，彷彿一尾柔弱的活蝦！

不過，男人雖然很愛雙魚女的細心，但也很害怕，因為肉體一有風吹草動，很快會被她識破——她能從男人勃起的角度推算這幾天有沒有自慰；從插入的強弱，就知道男人今天開會順不順利；從抓

頭髮的力道，推側他是不是找不到停車位。招招神準，讓男人又愛又驚，就算分手了，也對雙魚女的心細如髮念念不忘，還會常常來找短暫尋歡。而雙魚女本著不想讓對方失望的心情，「售後服務」也會做得很完善！

　　別看雙魚女平常柔弱得像個廢人，其實她才是所有女人的情敵，男人一旦沾上，就永遠忘不了她那殺死人的靈性與貼心！

觸不到的女人 —— 雙魚女

sm 1 0 1 0 1 0

　　雙魚女最出名的是她們的柔情似水，最令人詬病的是她們的朦朧迷惘。跟雙魚女交往有個困難點，就是她們不會積極地解決問題，如果吵了架或者有什麼不愉快的地方，她們就只會放著擺爛。就算你單方面再怎麼積極也沒用，然後你會開始懷疑，難道這就是雙魚們鼎鼎有名的被虐傾向嗎？搞到後來令人虛脫無力，就可能放棄這段關係，不想再理她們了。

　　由於雙魚座的朦朧特性，所以很多雙魚女都愛走暗戀路線，加上雙魚座犧牲奉獻的精神，她們喜歡讓自己在親密關係中扮演不斷付出的那一方，甚至到了受虐、受苦的地步。她們即使陷在痛苦的關係中，也不會試著逃離，也可以說，她們藉由受苦，讓自己顯得很清高，這份清高讓她們自己感覺良好。老實說，這種自欺欺人往往帶來一種假象的和平，對於親密關係的健全並沒有幫助。

　　我有個雙魚女朋友，光看她的打扮跟住家就知道她有多麼雙魚。

她絕對不跟流行，只穿那種很舒服很夢幻的飄飄衣裙（對！雙魚女特愛穿裙子），不管是上班還是聚會，她都是在別人不注意的時候飄飄～飄～飄進來，又在別人不注意的時候飄飄～飄～飄走了。很多雙魚女都喜歡喝酒，我朋友也不例外，雖然她文雅有氣質（當然，雙魚女看起來絕對比粗魯的牡羊女跟愛搞怪的寶瓶女有氣質多了），可是我們經常笑她是酗酒成性的「酒女」。

「我哪有！」她抗議：「我頂多出來吃飯的時候喝幾杯，休假的時候喝幾杯，晚上回家看《CSI犯罪現場》的時候喝幾杯。」看CSI配紅酒，這可不是一般人做得到的事情吧！

柔情似水的雙魚女幾乎無時無刻不在戀愛（或暗戀），不過，對務實的人來說，雙魚女的戀愛故事總是令人嗤之以鼻。比如說，我這個朋友最近一次的戀愛長達五年，最扯的是，她連對方有沒有女朋友，甚至是不是喜歡女生都搞不清楚。她只是喜歡懶懶地依戀著對方，對方有任何事情，她就自告奮勇幫他處理，其他的事情她不想知道，也不需要知道，只要可以永遠不改變，這樣懶懶地一直賴下去，對她而言，這就是戀愛。

由此可知，雙魚女果然是暗戀教主，她們不是在跟人談戀愛，而是跟「戀愛」本身談戀愛。

當她的月亮在雙魚

對星座有點了解的人都知道，雙魚座具有朦朧、慈善的特性，而且希望人與人之間的情感都沒有邊界。月亮雙魚的人，情感上也是這樣的慈善，但有利就有弊，因為希望跟他人情感沒有邊界，所以你可以很容易跟她們熟起來，可是要成為她「真正」的好朋友卻很

難。對於雙魚座來說，似乎永遠只能處於一個有你也可以，沒你也無妨的狀態。真是急死人。

如何搞定雙魚女

1.耐潮一點

紅樓夢裡說「女人是水做的」，雙魚女格外是水做的，她們傷心會哭、高興會哭、看電視看電影看小說會哭，連胡思亂想都會哭。如果你不喜歡這種多愁善感的女人中的女人，恐怕得離雙魚女遠一些。

2.講話輕一些

儘管雙魚女有時候喝起酒來很豪邁，不過，大部分時候她們是比較膽小的，如果你音量提高了些，她們通常會隱藏起內心真正的感受，配合你的說法發表違心之論。為了避免她們老是不說真心話，對她們講話時，請務必輕聲細語。

3.黏一點

雙魚女很黏人，她們談戀愛的時候喜歡黏在一起撒撒嬌，不黏在一起的時候，就愛亂胡思亂想。如果你喜歡這種甜甜黏黏的女生，就追雙魚女吧。

附 錄

十二星座Q&A

sm101010

●在床上火力最強的星座是哪些？

1. 牡羊座

牡羊座就像愛狩獵的獵人，在性愛上的症頭是「常常要」。不但天天要，見了面就要，要完了不久還想要，屬於多次發炮型的星座。不過缺點是沒前戲、沒擋頭，來衝衝去匆匆，如果你喜歡短兵相接型的情人，就得找牡羊座。

2. 獅子座

獅子座就像光芒四射的大明星，鑽石加玫瑰、香檳加草莓，只要浪漫電影裡頭有的橋段他們也絕對少不了。床上也是一樣，獅子座喜歡享受君臨天下的快感，六星級旅館最適合他們的調調；但缺點是電影沒演的他們就不會，有點缺乏想像力。所以性愛前重視排場的情人，就得找獅子座。

3. 天蠍座

天蠍座在床上秉持著「置個人死生於度外，以對方爽快為己任」，為了讓對方爽到忘不了，什麼花招都使得出來。而缺點是神祕分分加神經分分，即使是上床這麼忘我的時刻，他們腦子裡難保不會想著：「咦？這招以前你沒用過，該不會是跟外面的野男／女人學的吧！」如果喜歡欲仙欲死型的情人，不妨找天蠍座。

●在床上續航力最久的星座是哪些？

1. 金牛座

細火慢燉的金牛座當然當之無愧。金牛們要熱起來很慢，而且要找到對的時間、舒服的場所、對的人，在沒有一絲勉強的狀態下，他們的熱情才能被撩撥起來。一旦他們性致高昂起來之後，就能保持這股熱度跟你通宵達旦玩下去。

2. 摩羯座

別看摩羯座老古板，只要方法得當，他們在床上絕對不會只剩一張嘴。摩羯座不像獅子座光聽兩句讚美就心花怒放，在床上的成就感也是他們評量自己的重要依據。

3. 雙魚座

或許很難說雙魚座的床上續航力如何，因為對他們而言，沒有什麼續不續航這等事，雙魚的性愛有時無始無終，如果你不是那種講求效率的人，倒是可以去找雙魚座。

●在床上最愛新玩意的星座是哪些？

1. 雙子座

雙子座特愛新奇的「小」玩意，床上也不例外，比如前兩年震動保險套剛上市時，可是雙子們最愛的小東西。他們對變換體位也最熱中，不是為了爽，而是為了新鮮，絕對是《天天好體位》實踐度最高的星座。

2. 射手座

屬火象星座的射手座雖有強勁卻「快速」之虞，不過，比起只顧著衝卻不求變化的牡羊座，射手們對床上的新玩意，總是抱持了一種研究與學習的態度，也是勇於嘗鮮的一群人。

3. 寶瓶座

寶瓶們熱愛的是「怪」玩意。只要讓他們聽見「什麼！連這也能玩！」的話，他們一定很想嘗試。尺度最大的勇士們，不妨試試寶瓶座。

●在床上最被動的星座是哪些？

1. 巨蟹座

跟巨蟹座抱抱比做愛好，下床比上床好。他們在床上只用一招走天下，下床後可以體貼地幫你準備宵夜補元氣。沒辦法，巨蟹們以傳宗接代為己任，置欲仙欲死於度外。

2. 處女座

處女座其實不愛做愛，把性愛視為一堆黏液皮屑毛髮的組合，光想到事後的清理，就意興闌珊。不過，精明的處女座當然知道做愛對於彼此的重要啦，即使內心沒那麼想，而對方卻興致勃勃，他們還是會拿出看家本領，有效率地讓對方爽到。

3. 天平座

只要你HIGH，他就比你更HIGH；你敢玩，他就比你更敢！天平們是失落的一半，永遠依賴另外一半的啟動。他們不會自燃，但只要經過對方點燃，他們絕對星星之火足以燎原。

●在床上最主動的星座是哪些？

1. 獅子座

高高在上的獅子座高傲卻不孤僻，喜愛發揮「王者天下」的風範，只要你表現出景仰之心，他們就會赴湯蹈火捨身相報。獅子座最愛聽的一句話就是：「啊！我從來沒遇過像你這麼大的！」而且，男獅、女獅皆適用……

2. 牡羊座

牡羊座是天生的獵人，對於追逐獵物格外有一套。老實說，他們的身體比腦袋靈光，腦子都還來不及想，身體早就有了反應，完全是下意識動作。

3. 射手座

半人半馬的射手座，雖然不像牡羊那麼直接反應，但他們永遠最雄赳赳氣昂昂，就連女射手也是亞馬遜女戰士，是一群好動分子。即使不見得好色，他們卻老是忍不住「敵欲動，我先動」。

●在床上最愛固定招數的星座是哪些？

1. 處女座

身為ISO認證中心的處女座，連做愛也有一套自己的標準流程，前戲要怎麼玩、正式來的時候角度怎麼取、最後該如何完美收場，都有其規範準則。

2. 獅子座

獅子座做愛充滿戲劇性，但怎麼玩就那幾招。你只要能讓他們感受到「吾皇萬歲萬萬歲」的尊榮感，就能確保高潮的到來。

3. 巨蟹座

巨蟹座的性愛寶典不是《九真陰經》，而是「媽媽經」，他們同時是長不大的小孩與永遠犧牲奉獻的母親。所以跟他們上床，不必玩什麼刺激的新花樣，只要像廣告詞一般「寵我，懂我」，他們就很滿足了。

●在床上最自戀的星座是哪些？

1. 天平座

天平座不會放過任何檢查自己頭髮有沒有亂、小腹有沒有突出、妝有沒有花的機會。床上運動如此激烈，要他們不照鏡子隨時以保持最佳狀態，簡直不可能。

2.天蠍座

天蠍座喜歡觀察彼此的體位變化，一邊看一邊研究一邊自我讚賞。更重要的是，他們認為自己這一次一定比上次好，越做越厲害，沒人比得上。

3. 獅子座

說也奇怪，不管獅子座身材如何，他們永遠覺得自己最雄壯威武、挺拔有勁。有如A片主角般的投入，邊做邊幻想自己是個大明星。

●**在床上最具研究精神的星座是哪些？**

1. 天蠍座

天蠍座專攻的就是「爽」。很多人以為天蠍們一定是SM大王，事實上並非如此，他們的目的只是想利用床上工夫抓住對方的心，至於要不要玩得很變態，或一夜來個七次，老實說，還得看他們跟誰上床而定。

2. 寶瓶座

寶瓶座專攻的是「怪」。其實，疏離又帶點冷感的寶瓶座才是真正的SM魔王，只是他們的興趣廣泛，又勇於嘗新，聽到什麼新把戲，就忍不住想親身體驗一下。不過，他們總是三分鐘熱度，當你好不容易習慣他的新玩法，他又開始研究新遊戲了。

3. 處女座

處女座永遠是好學生、乖寶寶，在校愛當模範生，出社會愛當好員工。在床上也不例外，就算他們不喜歡做愛後清洗的麻煩，為了要被「評價」為好情人，還是會戮力以赴，研究出做愛的最佳流程並照章行事。

●**上了床最會分心的星座是哪些？**

1. 射手座

粗枝大葉的射手座總是過於關心眼前更吸引他的事情，而犯一些白癡的小

錯。比如他們進了HOTEL之後，可能會忙著研究房間裡面的道具，還會忘了包包、內褲扔到哪裡去了。最糟糕的還有，做到一半接手機，講完手機一扔又開始咿咿喔喔，而對方卻還沒掛斷，搞得電話另一端聽到傻眼。

2. 雙子座

雙子座有資訊焦慮症，生怕在床上翻雲覆雨時發生世界大戰，別說手機不關，連做到一半對方去上廁所或抽根菸的短暫休息，也能趁空檔猛發簡訊。

3. 雙魚座

雙魚座不能說是分心，而是魂飛天外。他們很喜歡長時間的性愛，甚至喜歡邊做邊睡邊睡邊做，但是又經常放空，根本不知道他們到底在做愛、想事情，還是在發呆。

●最老來俏的星座是哪些？

1. 摩羯座

摩羯座的特色是少年老成，年輕的時候看起來老氣，但過了一定年齡之後，名貴保養品一抹，名牌一上身，反而比同年齡的人有型。而且摩羯座年輕時總把滿腔「精力」放在事業心上，中年之後功成名就了，自然臨老入花叢。

2. 天平座

愛保養愛打扮的天平座是小時俏，老來也俏。俗話說「沒有醜女人，只有懶女人」，天平座不管自己是什麼年齡，聽到任何能變美的方法都得試試看，所以就算年紀增長，還是水噹噹，桃花不斷。

3. 寶瓶座

任性而為的寶瓶座則是「年齡不是問題，身高不是距離」的代表，他們從來不認為年紀大了就得保守打扮，他們喜歡隨自己高興裝扮自己，有時很俏麗，有時很嚇人。不過敢於在衣著上表達自己的人，通常比較出眾，能見度比較高的結果，桃花也隨之增加。

●偷吃最容易被抓包的星座有哪些？

1. 寶瓶座

寶瓶不怕被抓包。他們手段高明，可是不愛圓謊，如果事情被揭穿就會大大方方承認，不會抵死隱瞞。

2. 射手座

粗心大意的射手座連去趟旅館東西都會東掉西漏，哪會注意到旅館外樹叢裡面有人跟蹤？他們又心直口快，一時說溜了嘴的事情也經常發生。

3. 牡羊座

好色的牡羊座進出旅館次數太多，就算本來不會被拆穿，後來都會因為不小心遇到熟人而傳開。這就是所謂的「夜路走多了，總會遇到鬼」。

●最容易發生一夜情的星座有哪些？

1. 雙魚座

雙魚座很迷離，對道德規範的標準比較寬鬆，人與人之間也沒有什麼界限，經常還沒搞清楚狀況就已經跟別人上了床。

2. 寶瓶座

相較於雙魚座迷迷糊糊被動地跟人上床，寶瓶就主動多了。在各方面（包括性愛）都十分好奇的他們，光是想到世界上有這麼多不同的身體，就想要一一探索。

3. 射手座

三個火象星座都好色，不過獅子座很挑嘴，不大會隨便跟未達標準的人發生性關係；牡羊座經常要做，卻懶得花精力去找人上床，通常有個固定炮友可以隨傳隨到，他們就很滿足了。而熱中性愛又愛新鮮感的射手座，特別喜歡找一夜情。

情挑十二星座

sm101010

很多人經常問我，哪個星座跟哪個星座配不配，不過星座配對是一件很精密的工程，光是看太陽星座有失精準。與其告訴大家某個星座跟某個星座配不配，不如教給大家每個星座的最愛性知識／姿勢，這樣不管對方是什麼星座，只要你懂得星星的力量，都可以啟動對方的愛慾之火。

牡羊男：全裸日．假裝跟啦啦隊長上床．女僕與男主人扮裝遊戲
牡羊女：女上男下體位．假裝被強暴．看男生跳脫衣舞

金牛男：長時間前戲．假裝暴露狂．扮演牛郎遊戲
金牛女：看唯美的情色電影．枕邊細語．扮演妓女遊戲

雙子男：幫對方口交．打屁股．看女同性戀A片
雙子女：幫對方口交．扮演醫生護士遊戲．跳蛋

巨蟹男：舔脖子舔耳．乳交．給他抱抱
巨蟹女：消防隊員制服．老爹與乖女兒遊戲．輕微的SM（受方）

獅子男：按摩‧抓搔咬‧戶外野炮

獅子女：海灘做愛‧被口交‧摔角遊戲

處女男：看重口味的A片‧塞住嘴的性愛‧喝兩杯再做愛

處女女：電動按摩棒‧女秘書角色扮演遊戲‧穿緊身衣、長靴做愛

天平男：互相玩乳頭‧看對方自慰‧側面性交體位

天平女：假裝羅曼史小說情節‧假裝是被包養的小女孩‧打早炮

天蠍男：假扮皮條客‧SM遊戲中扮演主人‧皮革裝扮

天蠍女：邊做愛邊照鏡子‧假扮陌生人‧輕微的痛痛

射手男：公共場所做愛‧看女生穿吊帶襪‧3P

射手女：邊做邊拍照‧站姿做愛‧狂抽猛送

摩羯男：戴面具做愛‧偷窺‧扮演主人

摩羯女：老師與女學生的性幻想‧旅遊中的性愛‧穿制服的男人

寶瓶男：電話／網路性愛‧各種奇怪的性遊戲‧綑綁性愛的受方

寶瓶女：穿戲服扮裝‧假裝跟怪人做愛‧角色交換

雙魚男：舔腳‧種草莓‧喝兩杯再做愛

雙魚女：慢條斯理馬拉松式做愛‧送禮＋甜言蜜語‧假扮妓女

神話十二星座

sm 1 0 1 0 1 0

牡羊座的神話

　　牡羊座與希臘神話中的金羊有關。古希臘時代，忒薩利亞王國的國王亞瑟馬斯婚後外遇，愛上了底比斯王國的公主依娜，於是廢了王后涅斐勒，將她驅除出境，娶了依娜。

　　前妻涅斐勒留下的一對雙胞胎兒女，在後母依娜的管教之下過著悲慘的生活，尤其依娜生了自己的兒子之後，更欲將雙胞胎除之而後快。有一天，依娜心生一計，將種子煮熟再發給農民播種，結果自然不會發芽，她宣稱這是因為上天發怒，除非把那對雙胞胎祭神，否則無法平息災難。

　　雙胞胎的母親涅斐勒得知這個消息，只能虔心向天神宙斯祈禱，她的誠心感動了宙斯，於是就在這對雙胞胎被送上祭壇的時候，從天上飛下一隻金色牡羊，以迅雷不及掩耳的速度救走兩兄妹。不過這隻金色牡羊個性急躁，雖然順利把人救走，但飛躍海面時速度太快，讓妹妹一個不穩就跌落海面溺水身亡，還好仍順利將哥哥送到了科基斯國，也算達成了任務。

　　儘管結局未臻完美，宙斯依然認為金牡羊救援有功，便將牠列入夜空群星中，每年由春分日算起，當太陽神照耀到這隻閃亮的金色牡羊之時，就是大地回春，一年之始。

金牛座的神話

金牛座的故事與好色的宙斯有關。

古代位於地中海東岸的腓尼基王國有個美麗的公主名叫歐羅巴，有一天歐羅巴與一群侍女在海邊採花時，被俯瞰大地的宙斯看到，宙斯當下色心大起，變身成一隻壯碩的大公牛出現在歐羅巴面前。

這頭公牛體態健壯，毛色豐澤，身體閃耀著金色光芒，前額還有個銀色的彎月印記。歐羅巴公主見了非常喜歡，將剛採下的花做成花環套在公牛頭上，還伸手輕輕撫摸公牛的毛皮，公牛也輕輕舔了舔公主的手，並屈下前腿示意公主乘坐，公主自然難以抗拒這樣的邀約，於是輕盈地跨上了牛背，此時，公牛站了起來，緩緩朝著海邊走去。

奇怪的是，這頭牛走得很慢，而侍女們在後面苦苦追趕，卻始終無法追上。公牛就這樣直接走進海裡，開始游了起來，以這種看似緩慢，卻飛快無比的速度，一路游到了克里特島。當然啦，在島上發生了什麼好事，到底是兩情相悅，還是強搶民女或人獸交等等傳說眾說紛紜，總之，後來美麗的歐羅巴生下了三個小孩倒是事實。

為了紀念這個（搞不清楚是浪漫還是驚恐的）故事，宙斯把那頭化身的金牛放在天上，成為黃道的第二個星座，而當時這塊未命名的大陸，也因此被命名為「歐羅巴」。

雙子座的神話

雙子座的故事還是與好色的宙斯有關。斯巴達的王妃麗達以美貌聞名，宙斯為了掩人耳目，化身成一隻優美的白鵝飛去與她幽會（所以後來藝術史裡的天鵝長頸也成了別有含意的符碼），後來麗達生下了一顆蛋（天啊！美

女會下蛋，難道大家不覺得怪嗎？），由蛋中孵出了一對雙胞胎（咦？王妃應該不會親自去孵蛋吧？）取名爲卡斯托爾與波拉克斯。這對雙胞胎有個知名的姊妹，就是《木馬屠城記》的女主角海倫。

兩兄弟從小形影不離，感情極好。卡斯托爾擅長騎術與馴馬，波拉克則擅長拳術，他們都是希臘知名的勇士，曾經與傑遜一同登上阿哥艦，遠征科基斯取金羊毛。不過，後來在一場戰役中，哥哥卡斯托爾被殺身亡，哀痛的弟弟向上天祈求，希望可以用自己的陽壽換取兄長的生命，於是宙斯讓這兩人一天在地府，一天在奧林帕斯山，從此永不分離。

巨蟹座的神話

故事的起頭又是宙斯偷吃。

宙斯這一次要把的妹，是希臘將軍的妻子愛克美娜。宙斯趁著將軍出征時，冒充將軍去親近愛克美娜，於是，如此這樣一番之後，愛克美娜爲宙斯生下一個兒子，取名海克力斯，也就是大家所熟知的大力士。

不過天后希拉當然不會善罷甘休，便施法使海克力斯心智喪失，殺了妻子與三個小孩。海克力斯清醒之後極度悔恨，前往達爾菲神廟求取神諭，女祭司指示他必須以苦行洗刷自己的罪過，因此他謙卑地請求馬西尼國王尤里斯收他爲奴，後來國王交付他十二項幾乎不可能完成的苦行任務。其中第二項任務，就是殺死在勒拿湖裡的一隻九頭妖蛇海德拉。

當海克力斯和妖蛇搏鬥之時，從石縫中爬出了一隻巨大的怪蟹，用強而有力的雙螯鉗住海克力斯的腳替妖蛇助陣，海克力斯氣炸了，以另外一隻腳重重踩扁巨蟹。雖然巨蟹慘死，希拉爲了紀念這隻爲她出頭的巨蟹，還是把牠放上天空，成爲第四個星座。

獅子座的神話

相較於獅子座的人個性多采多姿，獅子座神話顯得乏味許多。獅子座的故事其實跟巨蟹座是同一個，就是那十二項不可能的任務中的第一項——殺掉尼米亞猛獅。

這頭猛獅據說有預知未來的能力，知道自己會死在海克力斯手下，於是早就躲了起來，給他來個避不見面。但這是海克力斯的第一個任務，豈能因為對手避不見面就輕易放過牠？於是，海克力斯從這頭獅子的弱點下手——這獅子十分好面子，海克力斯天天朝著獅子窩大聲叫囂，極力羞辱這頭獅子，果然，獅子禁不起刺激，即使知道命運之路，還是忍不住跳出來與海克力斯決一死戰。

獅子渾身厚皮，刀槍不入，人獅大戰許久，終於海克力斯一拳正中獅鼻子，讓獅子昏了過去，海克力斯便趁機上前把牠勒斃，並且斬下獅爪、剝下獅皮當戰袍、砍下獅頭當頭盔，光榮地回到了馬西尼。

處女座的神話

處女座的故事與穀神狄米特有關。狄米特是宙斯的姊姊，行事低調、向來不搞緋聞的她，負責掌管大地上的所有農作物，並與獨生女佩西鳳相依為命。有一天地獄之神普魯特由地府上到地面，剛好遇到正在採花的佩西鳳，驚艷之餘當下就把佩西鳳擄上馬車，直奔回地府。

狄米特發現佩西鳳不見了，自然憂心不已，卻怎麼都找尋不到女兒的足跡——她哪知道女兒根本不在地面上，而是被抓到地底下了。後來總算被人告知佩西鳳被冥王擄去黑暗地府當壓寨夫人，狄米特一怒之下，讓大地一片荒蕪，寸草不生，地球經歷了有史以來最大的飢荒，也逼得宙斯不得不出面

講話。

可是宙斯也有他的難處，狄米特是宙斯的姊姊，普魯特卻是宙斯的哥哥，兩邊都不好得罪。於是，宙斯施了個巧計，他告訴狄米特，如果佩西鳳沒有吃過地府的東西，就讓她回到陽間；可是如果她吃了地府的食物，就得留在地府當陰間的皇后。由於普魯特騙佩西鳳吃下半個石榴，因此宙斯裁定，佩西鳳一半時間可以回到陽間與母親相聚，另外一半時間則必須回到陰間履行冥后的義務。

也因此，當佩西鳳回到陽間的時候，母親狄米特讓春草萌芽，大地回春，好迎接女兒歸來；當女兒離開她重返陰間時，狄米特就讓大雪紛飛，大地一片死寂。

而按照時令、一絲不苟的穀神狄米特，就是處女座的化身。

天平座的神話

天平座的神話有點不負責任又不知所云。

有些資料只含糊地寫道：天平座神話源自希臘諸神與人類原本共同居住在人間，但是隨著人類的墮落，大地充滿了罪惡，諸神紛紛回到天上，不願再與人類同住，只剩下掌管聖潔與正義的女神阿絲特利亞留在人間評量人們的善惡。不過，最後連她也無法忍受人類的墮落，帶著評量道德的天平返回天庭，這就是天平座的由來。（令人看得霧煞煞對吧！）

還好韓良露的《12原型星座》裡頭寫得比較清楚，她認為黃道十二星座中，唯有天平座找不到希臘、羅馬神話基礎，原因可能是太陽系中曾經有一顆很大的行星，因為不明原因爆炸之後，形成了目前位於火星和木星軌道間的小行星帶，這顆碎裂了的行星，就是天平座的主星。屬於這個星座的神話，也隨著這個主星的碎裂而湮滅無蹤。

天蠍座的神話

天蠍座的神話，很意外的，跟「性」沒有什麼關係，它講述的是一則關於自大的故事。

歐力安是海神波賽頓與亞馬遜女工貝歐莉的兒子，天生孔武有力，精於各項狩獵技巧，但歐力安生性暴躁，天上諸神都非常討厭他。有一天，歐力安誇下海口表示，不管是天上飛的地上爬的，只要他獵戶歐力安一出手，無不手到擒來，天上地下無人能比。這話一傳出，諸神對他更加不滿，天后希拉為了嚴懲歐力安這狂妄的言行，便派了一隻毒蠍，趁著歐力安熟睡之際以毒針一針螫死他。他們事後分別成了獵戶座與天蠍座，獵戶座日日夜夜都想追殺天蠍報仇雪恨，天蠍則避之唯恐不及，只要獵戶座一升到夜空，天蠍座便沉入地平線下。

關於這兩個星座王不見王的狀況，在杜甫的詩中也提到：「人生不相見，動如參與商」，這參與商指的正是獵戶座（參宿）與天蠍座（商宿），也可見這兩星座水火不容的特質。

射手座的神話

在希臘神話中，有一群上半身為人，下半身為馬的生物，他們被稱為「山杜爾」。這群生物生性好動凶殘，仗著身強體壯、行動迅速，整天拿著弓箭到處惹是生非，是標準的好戰分子。

不過在這群人馬當中，有一個名叫凱龍的人馬，他身上具有宙斯的血統，也因此他與其他好胡作非為的人馬不同，他不但生性善良，且精通音樂、醫術、天文、狩獵、預言等學問。凱龍不僅有與諸神相同的智慧，還有長生不死的能力。許多英雄人物都是他的學生，比如神醫阿斯克雷維斯、駕

駛阿哥艦的英雄傑遜，以及大力士海克力斯。

　　由於山杜爾族人馬行徑越來越囂張，與海克力斯發生了嚴重衝突，海克力斯以九頭蛇怪海德拉的毒血塗在箭頭上，中箭的人馬紛紛身亡。不幸的是，在混戰中海克力斯的毒箭不小心射中了凱龍，雖然凱龍擁有不死之身，但中箭之後用盡所有的藥草卻都無法治癒，顯得痛苦不堪，因此凱龍請宙斯收回他的不死之身，並以他的永生換取盜取火種給人類的普羅米修斯的自由。凱龍死後，宙斯為了感念他對人類的貢獻，於是將他放上天上，成了射手座。

摩羯座的神話

　　大家一定覺得「摩羯」兩個字很奇怪，它其實是梵文「Makara」的音譯，原來是指印度神話中，一種長相醜陋兇惡的獸首魚身水中精靈，神話傳入中國後，就像龍鳳、麒麟等瑞獸一般，成了傳統的紋飾之一，在敦煌莫高窟還可以見到摩羯紋。直到星座傳到中國，黃道第十個星座形象為半羊半魚，因而將這個星座譯為「摩羯座」。

　　這個星座的神話，要從使神漢米斯的兒子潘恩說起，潘恩雖然是神的兒子，長相卻十分醜陋，有著山羊蹄、鬍子、還長了兩支角。潘恩愛上了女神希林克斯，但希林克斯也嫌他醜，寧願化為一束蘆荻也不願意見他，潘恩於是取下了這束蘆荻做成了笛子，吹出優美的音樂，引人流連聆聽。

　　有一次潘恩與眾神歡飲聚會，他優美的音樂不但讓眾神聽得如醉如癡，還驚動了可怕的百頭怪獸泰弗恩。泰弗恩橫衝直撞地闖入宴會中，嚇得眾神變身的變身，躲的躲逃的逃，潘恩慌忙之中跳入河裡想化身為魚溜走，可是一時太過驚慌，下半身變成魚尾，上半身還是羊身，就被水淹死了。於是宙斯把這隻笨山羊放到天際，成為了第十個星座。

寶瓶座的神話

寶瓶座當然跟瓶子有關，不過這個瓶子不是一般的水瓶，而是眾神喝酒的酒瓶。

在希臘神話中，諸神各司其職，比如在宴會中幫大家倒酒的工作就由青春女神赫貝擔任。不過由於赫貝奉命嫁給了大力士海克力斯，於是空出倒酒的職缺。

有一天宙斯化爲一隻大鷹，經過艾達山時看到特洛伊少年甘尼米德俊美得令人心動不已，便一口將他叼上奧林匹斯山，不過這樣叼上山晾在那邊也不是辦法，既然負責倒酒的赫貝嫁人去，宙斯就把倒酒的任務指派給了甘尼米德，讓他永遠留在天上，成爲了黃道第十一個星座。

雙魚座的神話

雙魚座的符號是一條絲帶綁著兩條魚的圖形，充分象徵了雙魚座飄來飄去的逃避特質。雙魚座的神話也跟逃跑有關，這兩條魚一條是愛與美的女神阿芙羅黛蒂（羅馬名就是大家熟知的維納斯），一個是他的兒子艾羅斯（羅馬名就是知名的邱比特），這對母子操縱了天上人間的情慾，也因此得罪了不少人。

某次他們得罪了河神卻不自知，有一天，母子倆在河邊散步，絲毫不知河神正在河中伺機而動準備報復，河神看兩人疏於防範，於是召來了百頭怪獸泰弗恩，百頭怪獸聲勢驚人，嚇得母子兩人急忙變成兩條魚跳入河中，阿芙羅黛蒂爲了怕河水湍急沖散了她跟艾羅斯，所以抽了一條絲帶綁住艾羅斯，這也就是雙魚座符號中橫線的由來。

是不是覺得這個故事有點似曾相識？的確，這個故事跟摩羯座的故事極

爲相像，因此也有一種說法是同一場宴會，牧神潘恩掉到河裡變成了摩羯座，而阿芙羅黛蒂與艾羅斯掉到河裡之後，變成了雙魚座。

星海羅盤：性男性女星座記事 / 鳥來伯、sm101010 作；BO2繪圖. --初版. --臺北市：大辣出版：大塊文
化發行, 2007〔民96〕 面：公分.--（dala sex：16）ISBN 978-986-82719-7-5（平裝）1.兩性關係 2.占星術

544.7   96008528

not only passion